KB172084

**한국사를
지켜라**

1

독립운동가로
산다는 것

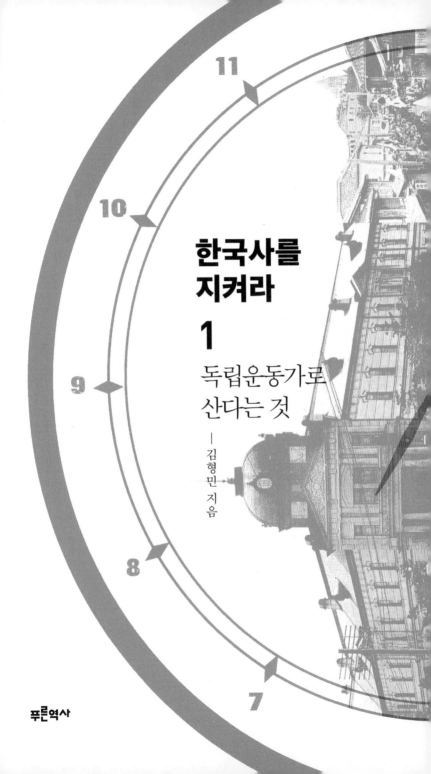

한국사를
지켜라
1
독립운동가로
산다는 것

— 김형민 지음

푸른역사

오늘을 있게 한 사람들, 그러나 오늘이 잊은 사람들

'유관순 괴담'의 진원지는?

우선 신화부터 걷어 내자. 유관순이라는 이름이 유명해진 것은 사실 해방 이후의 일이다. 일제강점기 유관순의 이름을 기억하는 사람은 그리 많지 않았다. 1919년 기미년 3·1운동 때 죽어 간 7천 5백여 명 중에 유관순 이상으로 영웅시해야 마땅한 이름들이 많은 것도 그 이유겠지만 해방 이후 남한을 손아귀에 넣었던 우익들에게는 더할 나위 없이 영웅시하기 좋은 조건에 있었다는 것도 큰 이유였다. 유관순은 기독교인에다 우익의 거물 조병옥과 같은 고향 사람이었고 일찍 죽어서 변절하지도 않고 사회주의 따위에 빠지지도 않았다. 나이도 얼마나 안성맞춤인가. '한국의 잔 다르크'라고 하기에 걸맞게 열일곱에 독립만세 부르다가 열여덟 살, 우리 나이로는 열아홉에 옥사했으니.

그렇다고 치자. 그래도 우리는 유관순을 발굴(?)한 우익에게 감사해야 한다. '유관순 괴담'을 기억하는 이들이 많을 것이다. 그 얼굴을 반을 가리면 남자 반을 가리면 여자로 보인다는 괴담에서부터 꼬리가 몇 달린 여우였다는 둥, 사진의 반을 가리고 보다가 별안간 초상화 속 인물이 눈을 크게 뜨면 죽는다는 둥의 학교괴담 말이다. 그런데 그녀를 남자로 보이게(?) 만드는 사진에는 사실 슬픈 사연이 서려 있다. 그 사진은 감옥에서 찍은 것이다. 여자라고 해서 사정 봐주지 않은 일본 경찰이 무자비하게 폭행해 퉁퉁 부어오른 얼굴의 사진이었다. 그러니 반을 가리면 여자가 아니라 남자로 보일 만큼 그 인상이 험악했던 것이다.

충무공 이순신이 박정희 대통령에 의해 우상화됐다고 해서 그 빛남이 줄어들지 않듯 유관순도 그렇다. 필자는 지난 2000년 3·1절을 앞두고 유관순의 동기생이자 룸메이트를 만난 적이 있다. 1902년생이었으니 당시 나이 아흔여덟의 할머니셨다. 이미 치매가 와서 아침밥을 먹었는지도 분간하지 못하셨지만 90년 전의 '관순이'는 명확하게 기억 밖으로 꺼내 놓으셨다.

관순이는 불쌍한 사람 보면 지나치지를 못했어. 뭐라도 쥐어 주거나 덮어 줬지. 우스갯소리도 잘하고 얼마나 명랑했

다고. 화가 나면 충청도 사람답잖게 말도 따다다다 쏴 대기
도 했고.

또 하나 이 할머니가 기억하는 모습은 유쾌한 유관순이었다.
이화학당은 공부를 마치고 방에서 잠들기 전 기도 종을 쳤다
고 한다. 그러면 방 안의 사람들이 모여앉아 기도를 올렸는데
하루는 유관순이 대표 기도를 하게 됐다. 그런데 유관순은 여
느 때처럼 기도를 한 후 "예수님 이름으로 빕니다" 해야 할 것
을 난데없이 "명태의 이름으로 빕니다"라고 맺어 버렸다고 했
다. 난데없는 명태 소리에 온 방이 뒤집어지고 사감 선생한테

부어오른 눈두덩은 사람의 인상을 바꿔 놓는다. 나이 열일곱.
아버지 어머니가 처참하게 죽어 가는 모습을 목격했고 그 죽음의 현장을
조직했던 소녀는 혹독한 고문과 구타 뒤 자신에게 향한 카메라를 향해 시
들지 않는 눈빛을 보낸다. 어느 사내보다도 어기차고 어떤 용사보다도 형
형한 눈빛으로.

혼이 났는데 유관순의 말은 이랬다고 한다. "명태 반찬이 하도 맛있어서 말이야." 또 한번 소녀들은 자지러지며 웃었을 것이다. 일본 형무소 기록으로 5자 6치, 약 170센티미터 가까이 훤칠한 키로 다른 여학생들보다 머리 하나는 더 컸을 유관순도 함께 허리를 꺾고 웃었을 터이고.

'독립만세 바이러스' 품고 고향으로

애국소녀 이전에, 독립운동의 아이콘 이전에 유관순은 정의감 넘치고 사람에 대한 예의를 아는 청년학도였다. 기미년 독

뒷줄 왼쪽 끝이 유관순이다. 사진의 가운데에 선 트레머리 여인이 유관순의 지도교사였던 박인덕이다. '조선의 노라' 라고 불리며 남편에게 위자료를 주고 이혼한 첫 조선 여인으로 기록될 그녀는 일제 말기 친일 행각을 보여 옛 제자에게 부끄러운 스승이 되고 말았다.

립선언서가 파고다 공원에서 감격 속에 읽혀진 이후 전국을 휩쓴 만세 시위에 그녀는 열정적으로 참여했다. 당시 이화학당을 책임지고 있던 교장 프라이가 "나를 밟고 지나가라"고 드러눕자 차마 그 위를 지나가지는 못했지만 이에 굴하지 않고 친구들 몇과 함께 담을 넘어 독립만세를 부르던 열혈소녀였다. 만세 시위에 당황한 조선총독부가 각급 학교에 휴교령을 내려 학생들은 각자의 고향으로 돌아가게 된다. 그런데 이는 조선총독부의 실수였다. '독립만세 바이러스'를 조선 각지에 뿌려 놓은 셈이었다.

고향에 돌아온 유관순은 크게 실망한다. 서울에서는 헤아릴 수 없는 동포가 만세 부르고 죽어 가고 있는데 서울에서 코 닿을 정도로 멀지 않은 천안에서는 아무 일도 없다니. 부아가 치민 열혈소녀 유관순은 아버지와 어머니 그리고 친척들을 끌어들이고 고향의 교회와 유림들, 그리고 인근의 진천, 청주 등 다른 도시까지 찾아다니며 만세 시위를 준비한다.

아마 가장 극적인 순간은 1919년 음력 3월 1일 양력으로는 4월 1일 전날 밤일 것이다. 캄캄한 밤 나이 열일곱의 소녀는 오늘날 독립기념관을 품에 안고 있는 매봉산 정상에 올라 봉홧불을 들어올린다. 이를 신호로 목천, 천안, 안성, 진천, 연기, 청주 등 여섯 고을 스물 네 곳의 산봉우리에 봉화가 올랐다. 그때 소녀의 가슴은 터져 나갔을 것이다. 조선은 살 수 있다, 대한은 이렇게 불타오를 수 있다, 이리 뛰고 저리 뛰면서 검은 치맛자락을 휘날리며 껑충껑충 뛰었을지도 모르겠다. 대한독립만세. 대한독립만세. 저 산에도 그 산 넘어 또 산에도 나 같은 사람들이 있다. 그 정경을 상상해 보라. 캄캄한 밤 산꼭대기에서 만세를 부르며 울먹이는 한 소녀의 하얀 저고리 검은 치마를.

3월 1일은 '운동'이 아니라 '혁명'

그리고 다음날 수천 명이 아우내 장터에서 독립만세 시위에 나선다. 이미 한 달 전부터 만세 시위로 골머리를 앓아 온 일본 경찰은 글자 그대로의 살인적인 진압에 돌입했다. 유관순의 만세 시위를 고무하고 도와 주었던 김응구는 일본도에 맞아죽고 유관순의 아버지와 어머니도 일본 경찰의 총에 목숨을 잃고 오빠는 투옥되었다. 유관순은 옥에 갇힌 지 1년이 지난 1920년 열 여덟의 나이로 세상을 떠나게 된다. 만세 시위 1주년인 3월 1일을 맞아 옥중에서 만세 부르다가 엉망으로 두들겨 맞은 끝에 참혹한 모습으로 세상을 떠났다고 한다.

개인적으로 한국의 국경일 가운데 가장 값지고 가치 있는 날은 3·1절이라고 생각한다. "노예근성이 충만하고 자신을 위해 주먹 한 번 쓸 줄 모르는 비참한 백성들"(미국의 대통령 시어도어 루스벨트 왈)로서 제대로 된 전쟁 한 번 없이 이웃나라에 스르르 병합되어 버린 별 볼 일 없는 나라의 인민들이

"우리의 조선이 독립국임과 우리 조선인이 자유민임을 선언"하며 미국, 러시아, 중국, 만주 등 그들이 살아 가던 모든 곳에서 들고 일어났던 그해 3월 1일은 '운동'이 아니라 일종의 '혁명'에 가까웠다. 그리고 그 혁명은 평소에 전혀 그렇지 않아 보이던 사람들이 물불을 가리지 않고 참여해 물길이 되고 홍수가 됐다. 유관순은 그 흐름의 물방울이 되었던 수천수만의 꽃다운 소년 소녀 가운데 하나였다.

국정교과서 홍보작업을 하던 교육부가 지상파 방송사에 내보낸 홍보물 가운데 이 유관순이 등장했었다. 어느 여고생이 등장해서는 "나는 당신을 모릅니다"라고 고백(?)하는, 즉 '편향된 교과서'에 유관순이 나오지 않는다고 주장하고 싶었던 모양이다. 그러나 지나가는 길을 아무데서나 막고 물어도 유관순의 이름을 모르는 청소년은 열에 하나도 나오기 어려울 것이다. "옥 속에 갇혔어도 만세 부르다 푸른 하늘 부르며 숨이 진" 유관순 '누나'는 초등학교 때부터 독립운동가의 아이콘이었고 상징이었고 대명사였다. 어찌 그를 모르는 사람이 그리 흔하랴. 유감스럽게도 정부는 거짓말 광고를 돈 들여 했던 것이다. 오히려 나는 이렇게 묻고 싶다.

"앞으로 등장할 독립운동가들의 이름을 우리는, 우리 아이들은 그리고 아이들이 유관순을 모른다고 통탄한 당신들은 과연 얼마나 알고 있는가?"

나는 우리나라 독립운동사를 노천광露天鑛에 비유한다. 흙

투성이가 되었을망정 씻어 보면 황금빛으로 빛나고 돌무더기 같이 보일망정 조금 긁어 보면 은은한 은빛깔이 눈을 파고드는 노천광. 오늘을 있게 하기 위해 자신의 오늘을 헌신짝처럼 버리고 목숨을 걸었던 사람들의 이야기는 차고 넘치고 흘러내린다. 하지만 우리는 그 노천광의 존재를 모르고 산다. 이 책은 바로 그 노천광의 백분의 일, 천분의 일만이라도 들추어 보고자 하는 마음에서 쓴 것이다. 오늘을 있게 한 사람들, 그러나 오늘이 잊은 사람들. 그들에 대한 미안함과 고마움을 다시 한 번 그들의 영전에 보낸다.

"감사합니다. 그러나 너무나 죄송합니다."

◑ 책을 내며 _ 004
오늘을 있게 한 사람들, 그러나 오늘이 잊은 사람들

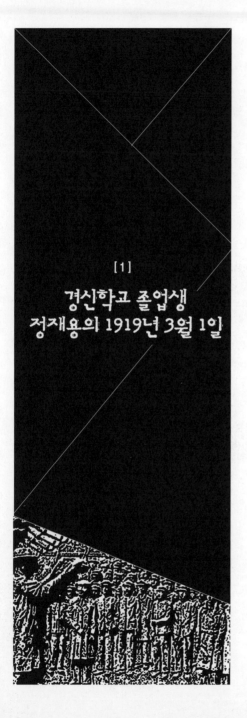

[1]

경신학교 졸업생
정재용의 1919년 3월 1일

3월 1일 정오, 파고다 공원엔 아무도 없었다

1919년 3월 1일 정오를 얼마 앞둔 파고다 공원. 고종 황제의 인산을 맞아 흰옷 입은 노인들이 어슬렁거리고 있을 뿐 공원 안은 한산했다. 어둡고 슬픈 공기만이 공원을 내리누르고 있었고 그 외의 어떤 분위기도 살필 수 없었다. 이리저리 두리번거리며 공원을 초조히 오가던 나이 서른셋의 청년은 그것이 불만스러웠다.

"아, 이 영감탱이들 같으니. 대체 이게 뭐하자는 짓이야."

가끔 투덜거리는 혼잣말에는 황해도 말투가 배어 있었다. 그는 해주 사람으로 서울 경신학교를 졸업한 뒤 고향에서 감리교회 전도사로 일하던 정재용(1886~1976)이었다.

그는 2주 전쯤 서울에서 인편으로 보내온 편지를 보고 온몸이 떨리던 순간을 떠올렸다.

"독립선언. 날짜는 3월 1일. 파고다 공원 정오. 재정은 천도교가 대고 인원 동원은 기독교가 맡소. 때맞춰 상경하시오."

이제 때가 왔구나. 고종 황제 인산을 핑계로 해주에서 서울로 올라오는 차 안에서 정재용은 경신학교 시절 음악 강사 김인식이 가르쳐 주던 '애국가' 가사를 기억을 짜내며 입 안에서 혀를 오물거렸다. 외국 민요 〈올드 랭 사인Auld Lang Syne〉

의 곡조에 맞춘 '동해물과 백두산이 ……'. 그 노래를 가르치다가 경찰에 끌려가 '풍기문란' 혐의로 감옥살이를 했던 김인식의 얼굴도 스쳐갔다. 나라가 망했다고 통곡이 진동한 지 근 10년. 이제야 조선 독립의 성聲이 터지는가 싶었다.

준비는 착착 진행됐다. 독립선언문은 천도교 계열 출판사에서 인쇄했고 각 지방의 교회로 독립선언서가 보내졌다. 2월 28일 아침 미처 원산 지역에 독립선언서가 전달되지 않은 것을 알고 민족대표 33인 중 하나였던 김창준의 부탁으로 숨이 턱에 닿도록 달려가 경원선 열차에 올라타는 전도사 정재용에게 선언서를 쥐어줄 때만 해도 다음날이면 이 모든 긴장이 시원스럽게 터져 나올 줄 알았다. 3월 1일 정오.

"전쟁을 안방에 앉아서 할 건가"

그런데 파고다 공원에는 아무도 없었다. 자기와 머리를 맞댔던 YMCA의 박희도, 원산 가는 전도사에게 독립선언서를 갖다 주라며 발을 동동 구르던 김창준을 비롯하여 서른 세 명이라는 민족대표는 파고다 공원 어디에도 없었다. 전해 들은 이유는 좀 어이가 없었다. "그렇잖아도 고종께서 슬픈 운명으로 승하하시어 며칠 후면 인산 날이라 백성들의 심리가 극도에 달해 있는 이때에 파고다 공원에 모인 학생과 군중이 일심하여 다같이 만세를 부르며 시가로 행진하여 나가게 될 것이고,

그들은 또 전국에서 인산에 참가하기 위하여 올라온 수많은 시민들과 합세하게 된다면 유혈이 극심하게 될 터이니, 이를 염려"하여 독립선언을 파고다 공원이 아니라 식당 태화관에서 한다는 게 아닌가.

"이거야 원. 전쟁을 안방에서 하겠다는 거 아닌가."

어떻게 이 절호의 기회에 대표라는 사람들이 유혈충돌을 저어한다는 것인가. 그럼 일본이 독립선언에 감동하여 고분고분 '아 그렇스무니까 우리는 물러가겠스무니다' 라고 해 주기를 기대한단 말인가. 지난 2주간의 그 긴박한 준비와 죽음을 불사한 각오가 식당 특실에서 펼쳐지는 꼴이라니. 다윗이 팔매를 들고 골리앗에 나서는 게 아니라 자기 양을 향해 네가 골리앗이라고 선포하는 물색 아닌가. 나타나지 않는 민족대표들을 원망하며 애꿎은 돌부리를 차던 그의 눈앞에 거짓말 같은 광경이 펼쳐졌다. 2시가 가까워오자 어디에선지 검은 옷의 학생들이 무더기로 몰려들기 시작한 것이다.

'독립' 이란 두 글자

학생 동원을 담당했던 연희학교 김원벽과 보성학교 강기덕이 임무를 완수한 것이었다. 삽시간에 파고다 공원 경내는 수천 명의 학생들로 들끓었다. 고종 황제의 인산 날을 앞두고 인파가 모이는 것을 당연시한 방심일 수도 있었겠지만 일제 경찰은 전혀 눈치채지 못한 인파의 집결이었다. 불쏘시개는 마련됐고 사람들 마음에 기름은 이미 부어져 있었다. 다만 그 불을 댕길 불씨가 태화관 식당 방 안에서 작게 켜졌다가 꺼진 것이 안타까울 따름이었다. 이때 정재용의 머릿속에는 자신의 주머니 안에 들어 있던 종이 한 장이 퍼뜩 떠올라 온다. 천도교인들이 인쇄해 줬던 독립선언서. 행여 일제 경찰에 발각될까 옷 깊숙이 숨겨둔 빽빽하게 글자가 적힌 종이 한 장.

순간 많은 것이 스쳐갔다.

"내처 내가 읽어버릴까."

명색이 민족대표들이라는 이들이 유혈을 우려하여 태화관

국경일을 앞두고 배웠던 "○○절의 노래" 가운데 가장 가슴에 와 닿았던 노래는 3·1절의 노래였다. 지금도 그 가사를 기억한다. "기미년 삼월 일일 정오 (만세 소리가 터져나온 건 두 시였으니 가사의 오류) 터지자 밀물 같은 대한독립만세 태극기 곳곳마다 삼천만이 하나로. 한강 물 다시 흐르고 백두산 높았다." 그날은 정말 그런 날이었다.

으로 독립선언 장소를 바꿨는데 행여 내가 감당 못할 사태가 정말로 발생하면 어쩌나. 아무것도 아닌 시골 교회 전도사인 내가 독립선언서를 읽으면 군중들이 어떻게 반응할까. 잡혀 가면 어떻게 될까. 일제의 입장에서는 반역을 꾀하는 셈인데 내 인생은 어떻게 될까. 학생 대표 강기덕도 김원벽도 잠자코 있는데 내가 나서도 될까. 정재용은 품 안에서 종이를 꺼냈다. 그러나 그 상단에 찍힌 두 글자, 독獨과 립立이 불화살처럼 그의 눈을 찔러 왔다. 왈칵. 머리에서 뜨거운 것이 내려왔고 가슴에서는 10년을 쌓아 온 가래가 불덩이가 되어 치밀어올랐다. 마침내 정재용은 오랫동안 금기였던 네 글자를 입 밖

백운대에 새겨진 정재용의 흔적. 아마 기미년 3월 1일의 파고다는 그 평생의 자랑이자 긍지였으리라. "내가 아니었으면 3·1운동은 없었어!" 하며 호기를 부렸을지도 모른다. 그랬다고 해도 크게 그른 말이 아니다. 적어도 그날 그 순간 그는 어느 영웅호걸보다도 큰 일을 해냈다.

에 내고 만다.

"조선독립"

조선 …… 독립 …… 선언서. 이 단어를 내뱉기는 더할 수 없이 힘들었으나 이 말이 파고다 공원의 창공을 가르는 순간 수천 명의 가슴을 번갯불처럼 내리쳐 찢어 놓았다. 아! 곳곳에서 탄성 같기도 하고 신음 같기도 한 소리가 퍼져 나왔고 그 잡음들을 내리누르며 정재용의 독립선언서 낭독이 시작됐다.

"오등은 자에 아 조선의 독립국임과 조선인의 자주민임을 선언하노라. 차로써 세계만방에 고하야 ……."

이제 파고다 공원 안에 들리는 소리는 오로지 정재용의 떨리는 육성뿐이었다. 처음에는 가늘던 정재용의 목소리는 점차 우렁차게 수천 명의 귀에 꽂혔다. 정재용이 평생에 잊지 못할 낭독을 마쳤을 때 군중은 일순 침묵했지만 한편에서 흘러나온 소리에 화산처럼 폭발하고 말았다.

"조선독립만세!"

눈물로 외친 "조선독립만세"

누군가 온몸을 활처럼 꺾으며 두 팔을 하늘로 솟구치며 부른 만세였다. 한마디에 눈물이 솟았고 만세 소리가 나오기 전에 뜻 모를 괴성이 터졌다. 아아아 ……. 으아아 ……. 그리고 이어진 합창 "만세! 만세! 조선독립만세! 대한독립만세!" 이 심경은 당시에 유행했다는 노래 가사에 그대로 담긴다.

"터졌구나 터졌구나 조선 독립의 성. 십 년을 참고 참아 인제 터졌네. 뼈도 조선 피도 조선 이 피 이 뼈는 살아 조선 죽어 조선 조선 것일세."

이날 정재용이 끝내 용기를 내지 못하고 독립선언서를 읽지 못했다면 어떻게 됐을까. 역사에 가정은 없으나 최악의 경우 3·1항쟁은 늙다리 몽상가와 얼치기 기독교인들이 자칭 민족대표랍시고 음모를 꾸몄다가 겁이 나서 태화관 식당에서 만세 부르다가 잡혀간 해프닝으로 끝났을지도 모른다. 상기된 표정으로 모여든 수천 명의 학생들도 "에이 어떤 놈이 이런……" 하면서 강기덕과 김원벽을 타박하며 덕수궁 앞에 나가 곡이나 하고 집으로 돌아갔을지도 모른다. 그러나 그곳에 시골 교회 전도사 정재용이 있었고 우리 현대사에서 가장 의미 있는 날 중의 하나인 3월 1일은 천고의 빛을 얻는다. 그렇게 역사는 평범한 사람에게 운명의 반지를 끼워주기도 한다.

정재용은 이 일로 1919년 8월 체포돼 2년 6개월의 옥고를 치른다. 출옥한 뒤에도 '의용단' 등 독립운동에 가담했다고 기록된 그의 흔적은 뜻밖에도 번화한 곳에 남아 있다. 주말만 되면 수천 명의 등산객들이 등에 코를 붙이고 오르는 북한산 백운대가 그곳이다. 가로 1.2미터, 세로 3미터 크기에 전체 총 69자. 바위 바닥 네 귀퉁이에 '경천애인敬天愛人' 네 자를 새긴 안에 "독립선언문은 기미년 2월 10일 육당 최남선이 썼고, 3월 1일 파고다 공원에서 정재용이 독립선언만세를 앞장 서 불렀다"는 내용이다. 주지하다시피 '경천애인'은 천도교 의 주요 이념이다. 개신교 전도사였던 그가 왜 그렇게 새겼는 지는 알 수 없으나 그의 인생에 가장 찬란한 순간이었을 기미 년 3월 1일 가장 미더웠던 동지들에 대한 예의가 아니었을까 제멋대로 추정해 본다. 그가 이 글을 새긴 것은 3·1항쟁 직후 로 추정된다고 한다. 정과 끌 짊어지고 헉헉거리며 백운대에 올라 정성들여 쓰고 공들여 쪼아 글을 새긴 후 경성 시내와 한강을 내려다보면서 다시 한 번 그는 목이 찢어져라 외치지 않았을까.

"대한독립만세"

정재용

북한산 백운대에 새겨진 정재용의 흔적

기미년 2월 10일조선 독립 선언서 작성
경성부府 청진정町 육당최남선 야也 경인생
(경성부 청진동에서 경인생—1874년생 최남선)
기미년 3월 1일 탑동塔洞공원 독립 선언 만세 도창導唱
해주 수양산인 정재용야 병술생
(해주 수양산 사람 병술년생—1886년생 정재용 독립만세를 앞장서 부르다)

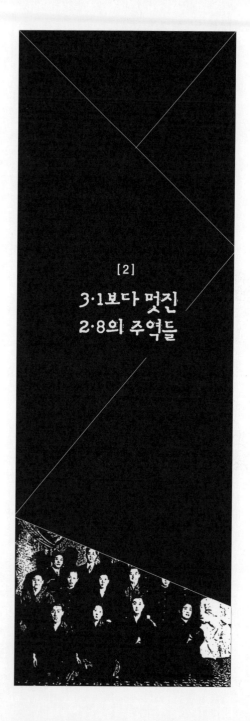

[2]

3·1보다 멋진
2·8의 주역들

3·1운동 전초전 2·8독립선언

권투를 보다 보면 메인이벤트보다 오픈게임이 더 박진감 넘치는 경우가 종종 있었다. 역사에서도 그렇다. 굵직한 족적을 남긴 대사건도 분명히 존재하고, 그 딸림처럼 묘사되는 자잘한 사건들이 그 주변에 늘어서는 것이 보통이지만, 때로는 그 작은 사건이 가진 함의가 오히려 야무지게 빛날 때가 있는 것이다. 3·1운동이라는 민족적 항쟁의 서곡처럼 울려 퍼졌던 1919년 2월 8일의 2·8독립선언이 그렇다.

1918년 1차 세계대전이 끝난 후 유포된 민족자결주의는 엄연히 승전국인 일본의 식민지에 적용되는 것이 아니었으나 그 뜻은 식민지로 전락한 지 10여 년에 울화통을 쌓아 가던 청춘들의 가슴에 불을 댕기기에 충분했다. 아무리 미워도 결국 신학문을 배울 곳은 일본뿐이었기에 현해탄을 건너와 있던 1,000여 명(1912~1923년 일본 유학 후 귀국한 학생 수는 1,312명에 달했다)의 유학생들은 특히 더했다. 원래 조선은 우리나라였지 일본의 것이 아니었지 않은가. 언제까지 우리가 일본놈들 하인 노릇을 해야 할 것인가. 1912년 조직된 조선유학생학우회는 그야말로 반일사상의 온상이었으며 조선인 유학생이라면 무조건 가입해야 했고 미가입 시 바로 "일본놈의 개"

라는 호칭이 날아가는 무시무시한(?) '유니온샵' 이기도 했다.

조선유학생학우회의 기관지 《학지광》의 편집장이었던 최팔용은 일찍이 와세다 대학 동창회에서 이렇게 연설한 바 있었다.

무릇 국가 또는 민족이 멸망한다 해도 반드시 영구히 망하는 것은 아니다. 또 국가, 민족이 융성한다 해도 또한 영구히 융성되는 것은 아니다. 보라! 멸망의 길을 걷던 폴란드는 지금 독립이 되고, 천하에 위엄을 자랑하던 러시아제국은 지금 망하지 않았는가?

듣고 있던 조선 유학생들의 가슴에서는 불똥이 튀었다. 그 연설은 더 이상 앉아서 뭉갤 수 없다는 청년들의 결기를 북돋운 신호탄이면서 무기력의 허공을 가르는 효시嚆矢와도 같았다.

조선 유학생들은 1919년 1월 6일, 즉 고종 황제가 죽기도 전에 도쿄 간다神田에 있는 조선기독교청년회관에서 웅변회를 열어 "오늘의 정세는 우리 조선민족의 독립운동에 가장 적당한 시기이며 …… 우리도 마땅히 구체적 운동을 개시하여야 한다"고 결의하고 실행위원으로 최팔용·서춘·백관수·이종근·송계백·김도연 등 10명을 선출한다. 그런데 실행위원 중 전영택이 신병으로 사퇴하자 북경에서 서울을 거쳐 도쿄로 온 이광수와 김철수가 추가되어 11명의 실행위원이 먼저 조선청년독립단을 조직하고 독립선언서를 기초한다. 독립선언서의 기초자는 조선이 낳은 3대 천재라는 춘원 이광수, 그 사람이었다.

"긴급동의 있습니다!"

1919년 2월 8일 일본의 수도 도쿄답지 않게 눈이 펑펑 내렸다. 조선 유학생들은 이날 2시에 열린다는 학우회 총회에서 무슨 일이 일어날 것인지에 대해 구구전승으로 알고 있었고 삼삼오오 행사장인 조선 YMCA 강당으로 몰려들었다. 그리고 당연히 낌새를 챈 일본의 경찰들도 행사장을 서성거리고 있었다. 드디어 2시. 학우회장 백관수가 개회를 선언했을 때 자리를 박차고 일어난 것은 최팔용이었다. "긴급동의가 있습니다!"라고 부르짖으며 단상으로 올라간 최팔용은 모여 있던 조선 청년들의 피를 펄펄 끓게 만드는 선언문을 읽어 내린다.

"조선청년독립단은 우리 2천만 민족을 대표하여 정의와 자유를 쟁취한 세계 모든 나라 앞에 독립을 성취할 것을 선언한다."

이미 일본 경찰들은 고함을 지르기 시작했지만 조선 청년들의 결기를 누를 수 없었다. 선언문은 유려하고도 당당했다. 3·1운동 선언문이 명문장이라고는 하지만 도무지 그 명문을 떠받칠 힘을 찾을 수 없었던 것과는 달랐다.

　3·1운동 선언문에서처럼 "아아! 새 천지가 눈앞에 펼쳐지도다. 힘의 시대가 가고 도의의 시대가 오도다. 지난 온 세기에 갈고 닦아 키우고 기른 인도의 정신이 바야흐로 새 문명의 밝아오는 빛을 인류의 역사에 쏘아 비추기 시작하도다" 하는 어설픈 영탄 대신 "우리 민족은 정당한 방법으로 우리 민족의 자유를 추구할 것이나 만일 이로써 성공하지 못한다면 우리 민족은 생존의 권리를 위해 모든 자유행동을 취하면서 최후의 1인까지 자유를 위한 뜨거운 피를 뿌릴 것이니 이 어찌 동양평화의 화근이 아닐 것인가?"라는 명확한 경고가 있었다. 3·1운동 선언문 공약 3장이 "마지막 한 사람에 이르기까

누구나 푸르렀을 때가 있다. 그리고 그 푸름은 세월의 흐름 속에서 깎이고 녹슨다. 어쩔 수 없는 세상의 이치이지만 변하지 않는 푸름이 있어 사람들의 눈을 시리게 하고 빛바랬을망정 한때 푸르렀던 사람들의 이야기는 또 다른 푸름의 씨앗이 된다. 2·8독립선언 주역들의 면면을 들여다보면서 드는 생각.

지, 마지막 한 순간에 다다를 때까지 민족의 정당한 의사를 시원스럽게 발표하라"고 어정쩡하게 표현한 반면 2·8독립선언은 "만일 일본이 우리 민족의 정당한 요구에 불응한다면 우리 민족은 일본에 대하여 영원한 혈전을 선포할 것이다"라고 직접적으로 포효를 터뜨렸다.

일제의 심장에서 외친 조선독립만세

게다가 최팔용이 목이 찢어져라 독립선언서를 외치던 장소는 3·1선언에서처럼 시내 고급식당의 음습한 방이 아니라, 일본 도쿄 한복판 순사들 그득한 강당이었다. 조선 학생들은 귀로

반민특위 위원장 김상덕과 2.8 독립선언을 쓴 이광수. 한때 생사를 같이한 동지였으나 그들의 역정은 천양지차로 달라졌고 심판자와 심판받는 자로 갈라섰다. 그러나 전쟁의 소용돌이에 함께 휘말려 북한에서 파란 많은 일생들을 마감하게 된다.

는 선언문을 들으며 몸으로는 악을 쓰며 달려드는 형사들과 격투를 벌였다. 최팔용이 "(독립 요구가 받아들여지지 않을 시) 우리 민족은 일본에 대하여 영원한 혈전을 선언한다. 이로써 발생하는 참화에 대해 우리 민족은 어떠한 책임도 지지 않을 것이다"라고 벽력같이 소리친 순간 10년 동안 참고 참았던 소리가 가슴을 찢고 그날 내린 눈처럼 도쿄를 뒤덮었다. "조선독립만세. 조선독립만세."

학생들은 모두 끌려갔다. 일본에 대한 혈전을 선언한 이 불령선인들에게 일본 검찰은 내란죄를 적용하려 들었다. 90여 년 뒤의 대한민국 검찰도 장난 삼아 북한 사이트의 글을 리트윗한 청년을 '국가보안법'으로 잡아들였으니 일본과의 전쟁을 선포한 이 불온분자들에게 내란죄는 어쩌면 응당한 죄목이었는지도 모른다. 하지만 여기서 우리 역사는 한 명의 양심과 마주하게 된다. 변호사 후세 다쓰시布施辰治. 한국 독립운동사에서 큰 족적을 남긴 은인이자 선각자인 그는 법정에서 이렇게 외쳤다.

"학생들의 신분으로 자기 나라와 독립을 부르짖은 것이 어찌하여 일본 법률의 내란죄에 해당된단 말인가. 당치도 않다."

이 당연하지만 난감했던 논변 앞에 일본 법은 꼬리를 내린다. 그들은 내란죄를 적용하지 못했다. 이 후세 변호사의 활약은 그 후 수십 년 동안 꾸준히 이어졌고 대한민국은 2004년 일본인 최초의 건국훈장 애족장으로 보답하게 된다. 후세 변호사의 외손자 오이시 스스무는 조선인들이 후세 변호사에게 전한 감사의 표현들을 이렇게 기억하고 있다.

"우유 배달을 하는 조선인이 당시에 매우 귀했던 우유를 공짜로 넣어 주거나, 집마다 1명씩 차출되는 방공훈련을 할아버지 대신 해 준 사람도 있다"(《서울신문》 2015. 2. 27).

형은 길지 않았지만 혹독했다. 주동자 중 하나였던 송계백이 젊디젊은 나이로 옥사했을 정도였다. 그는 학생모자 안에 독립선언서를 숨겨 국내로 반입하여 2·8독립선언이 예정되어 있음을 국내에 전파했던 사람이다.

1919년 2월 8일. 눈 내리는 도쿄에서 조선독립만세의 외침은 그렇게 터져 나왔다. 이 물꼬는 3·1항쟁이라는 거대한 물살로 이어졌고 나아가 이후 26년간의 독립항쟁의 정신적 지주가 됐다. 그것이 역사였다. 하지만 역사라는 대하大河 속에서 사람들의 삶이란 끊임없이 소용돌이치게 마련이다. 3·1항쟁의 민족대표로 나섰던 33인 중 많은 이들은 변절하거나 적극적인 독립투쟁에 나서지 않았다. 1919년 2월 8일의 주도자들의 인생유전 또한 다양했다.

2·8독립선언서의 사나운 명문을 지은 춘원 이광수가 어떻게 변신하였는지는 굳이 언급할 가치를 느끼지 못하거니와 백관수는 말년에는 조선 청년들에게 지원병으로 나가라고 목울대를 세웠고 서춘은 아예 총독부 기관지 《매일신보》의 주필 자리를 차고 앉았다. 하지만 김상덕 같은 이는 끝까지 독

립투쟁을 벌이다 해방 후 제헌국회의원으로서 반민특위 위원 장이 돼 2·8독립선언문을 쓴 이광수가 체포되는 모습을 지켜 보았다. 김상덕의 아들에 따르면 김상덕은 한때 생사를 맹세 했던 동료의 체포에 가슴 아파했다고 한다. 자신의 친일 행위 를 옹호하는 이광수에게 화가 난 수사관이 "가야마!香山" 하 고 창씨명을 불렀을 때 "하이!" 하는 일본말이 튀어나오는 옛 친구를 보며 계속 가슴 아파했을지는 미지수이지만.

안타깝게도 신생 대한민국에서 과거에 대한 반성과 단죄 의 시간은 길지 못했다. 김상덕은 이승만 정권에 의한 반민특 위 와해라는 차마 못 볼 꼴을 목도하고 반민특위에서 물러난 다. 사퇴의 변이다.

한 난관을 피하면 앞으로는 평탄한 길이 오리라 했던 것도 난관을 피하면 피할수록 오는 것은 더욱 큰 난관이었습니 다. 뿐만 아니라 지난 6월 6일에 와서는 같은 국가에 정중 한 국법을 지키는 기관 대 기관 사이에 민주주의 국가에서 는 있을 수 없는 이런 사태(경찰의 반민특위 습격)까지 있었 던 것입니다. 8월 말일까지의 짧은 기한 안에 우리들은 도 저히 자신이 없으니, 자신이 없는 일을 민주주의 국가에 있 어서 맡아 가지고 동포들을 기만할 수는 없는 것입니다 (KBS인물현대사―김상덕 편).

이 성명을 발표하면서 그는 그로부터 꼭 30년 전 1919년 2월 8일의 도쿄를 떠올렸을 것이다. 도쿄를 뒤덮은 눈을 모두 녹여 버릴 듯 펄펄 끓는 기세로 독립만세를 부르짖던 동료들 가운데 최팔용과 송계백은 고문의 후유증을 견디지 못하고 일찍 세상을 떴고 남은 사람들의 길은 여러 갈래로 갈렸다. 빼앗긴 조국은 찾았으나 봄은 아직 오지 아니하였고 봄을 부르는 외침은 꽃샘추위에 시들어 버렸다. 그로부터 1년 뒤 터진 전쟁 때 그는 납북된다. 자신이 지휘한 반민특위가 체포했던 옛 동료 이광수도 끌려갔다. 혹시 둘은 마주할 기회가 있었을까. 그랬다면 무슨 얘기를 나누었을까.

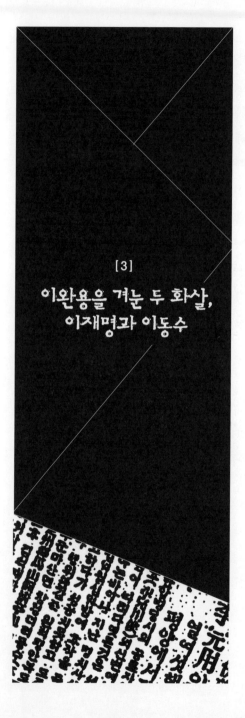

[3]
이완용을 겨눈 두 화살,
이재명과 이동수

매국노의 대명사 이완용

"원장님! 큰일 났습니다, 총리대신이 칼을 맞았답니다."

머리에 화롯불을 뒤집어쓴 듯한 직원의 보고였다. 보고를 들은 대한의원 원장 기쿠치 쓰네사부로도 자리를 박차고 일어났다.

"지금 어디 있나. 상태는?"

대한제국 정부가 일본 차관을 얻어 각종 의료기관을 통합해 만들었던 대한의원은 한국인보다는 한국 거류 일본인들을 위한 의료기관이었다. 한국을 식민지화하려면 우선 일본인들에게 안정적인 의료시스템이 필요했던 것이다. 지금까지 상대한 한국인들은 대개 높은 지위에 있는 이들이긴 했으나 총리대신 이완용이라면 일단 '급'이 다른 사람이었다. 기쿠치 원장 역시 발을 동동 구르며 왕진 준비를 했다.

'당장 병원으로 달려올 일이지 자택에 드러누워 있다니 말이 되나. 하긴 병원에서 또 무슨 봉변을 당할지 모른다는 생각이었겠지.' 이완용의 자택으로 달려갔을 때는 이미 한성의원 원장과 외과의사도 와 있었다. 일본 의료진들은 의기투합하여 응급치료에 나선다. 그들로서는 반드시 이완용을 '살려야 했다.' "완전한 병탄을 위해 일제의 최고 협력자인 이완용이 필요했으며, 이완용이 구축한 친일 인맥을 활용하기 위해서도 이완용을 살려 내야 했다. 그뿐만 아니라 일본 의학의 능력을 과시해 한국 지배의 정당성을 확보할 필요가 있었다"(황상익, 《근대의료의 풍경》). 이완용은 특히 왼쪽 어깨의 자상으로 엄청난 피를 흘려서 거의 시체가 된 것 같았으나 적절한 응급조치를 거쳐 대한의원에서 대수술을 받으면서 기사회생했다. 필시 일본인을 제외한 한국 사람들은 이완용이 욕을 많이 먹어서 명이 길다고 투덜거렸을 것이다.

매국노의 대명사는 역시 이완용이다. 을사오적이면서 한일합병 당시는 총리대신으로서 나라를 일본에 홀랑 넘긴 장본인. 하지만 그는 사악한 악당보다는 비겁한 선비쪽에 가까운 인물이었다. 독립협회장을 지내는 듯 나름 나라의 개화를 위해 노력도 했고 대한제국 말기의 신하들 가운데 꽤 유능한 인물로 꼽히기도 했다. 하지만 그의 친일 행적으로 인해 이완용이라는 이름 석 자는 만고의 역적을 대표하는 이름으로 세세손손 전해지게 된다.

그런 그가 염라대왕 앞까지 갔다가 다시 돌아왔으니 한국 사람으로서는 원통하기 그지없는 노릇이었다. 그럼 그는 어떻게 칼을 맞았던가.

1909년 12월 22일. 그 며칠 전 벨기에 황제 레오폴드 2세가 세상을 떠났고 벨기에 총영사 주관으로 명동성당에서 추모식이 열렸다. 외교권 없는 나라였지만 그래도 남아 있던 몇몇 외교관들과 껍데기만 남은 대한제국 고관대작들이 몰려들었다. 그런데 그 행적을 유심히 지켜보던 이가 있었다. 스무 살을 갓 넘은 이재명이라는 청년이었다. 평안북도 선천에서 태어나 평양에서 자랐고 열세 살에 기독교를 받아들인 '개화한' 청년이었다. 그 영향 때문이었는지는 알 수 없으나 당시로서는 신천지라 할 수 있는 하와이 땅으로 이민까지 갔던 내력을 가진 사람이었다. 그 형편으로 미루어 방귀깨나 뀌던 양반도 아니고 서울 사람들에게는 사람 취급도 받지 못하던 평안도 사람의 처지로 그냥 고향을 잊어버리고 영어를 배워 미국 시민권을 따고 한세상 살면 그만이었을지도 모른다. 그러나 이재명은 대한제국의 외교권을 박탈한 을사늑약 등 망국일로를 걷던 나라 소식을 듣고는 태평양을 건너 이 땅으로 되돌아온다.

"키가 자그마하고 몸집이 통나무처럼 빈틈이 없는데다 두 어깨가 벌어진 근골질"이었던 이재명은 평안도 사람 열, 서울 사람 넷이 뭉친 을사오적 암살단의 일원이 된다. 이 중 이재명이 맡게 된 이가 이완용이었다. 이재명은 그를 척살하기 위해 칼 쓰기 연습을 '팔뚝에 납덩어리 같은 알통이 배기도록' 무섭게 했다고 한다. 사랑하는 여자와 짧은 살림을 차리기도 했던 그였지만 그 연인에게 항상 "나는 감옥에서 죽을 것"이라고 이야기하며 각오를 다졌다.

이완용 처단할 하늘이 준 기회

그렇게 절치부심하던 그에게 벨기에 황제 추도식은 하늘이 준 기회였다. 그런데 마음에 걸리는 게 하나 있었다. 오늘날도 그렇듯 명동성당 내려와서 양 갈래 길이 있는데 어느 쪽을 지켜야 할지 가늠이 서지 않는 것이었다. 이재명은 같은 평양 출신이었던 동지 이동수를 찾아간다. 이동수는 일진회 친일파 이용구의 목숨을 노리고 있던 동지였다. 이재명이 사정 이야기를 하자 이명수는 두말없이 따라 나선다.

"날래 가자우. 내래 한 쪽을 디키면 될 거 아니가."

두 평안도 사내는 12월 22일 동짓날 살을 에이는 바람을 맞

구한말의 명동성당. 경복궁이 내려다보인다는 이유로 건립에 난항을 겪기도 했던 명동성당 들머리 갈림길에서 나라를 팔아먹은 대신과 그를 노리는 피끓는 청춘들의 운명이 엇갈렸다. 이완용은 누대의 명문가로 조선 왕조에서 받을 것 다 받은 귀족이었지만 이재명은 고아로 자라나 바닥을 구르다가 태평양까지 건너갔다 온 기구한 운명의 청년이었다.

으며 그들 일생일대의 거사를 위해 명동성당 언덕으로 향한다. 이완용의 갈림길뿐 아니라 자신들의 목숨과 미래가 송두리째 사라질지도 모르는 갈림길을 향하여. 여기서 문득 머릿속에 치미는 생각. 평안도라면 조선 왕조 5백 년 내내 소외받고 경멸받았던 지역이었다. 이재명과 이동수가 명동 언덕을 오르기 90년쯤 전 일어난 홍경래의 난 때 홍경래가 뿌린 격문을 보면 그 형편을 짐작하고도 남음이 있다.

"조정에서는 서토(평안도)를 버림이 분토(똥덩어리 땅)와 다름없다. 심지어 권문의 노비들도 서토의 사람을 보면 반드시 평안도 놈[平漢]이이라 일컫는다. ……"

즉 평안도 사람들은 극심한 지역 차별의 희생양이었다. 그

1924년 10월 20일자 《동아일보》. "끊임없이 이완용 후작을 암살할 기회를 엿보며 원산에서 4년 동안 잠복하다가 다시 서울로 들어와 동정을 살피던 중 경계가 엄중하야 목적을 달성치 못하고 다시 평양으로 달아나 사년 동안 거주하다가 ……." 이동수는 왜 이완용을 끊임없이 죽이려고 했을까. 어떤 마음으로 포기하지도 잊지도 않고 그 목숨을 노렸을까.

런데 구한말과 일제강점기 동안 가장 많은 반항기를 드러내고 독립운동사에서 하나의 거대한 지역 파벌을 구성할 만큼 많은 인물을 배출한 것도 다름 아닌 평안도 사람들이었다. 구한말 최대 비밀결사 단체라 할 신민회는 평안도 인사 중심으로 구성됐고 경술국치 후 대규모 '조직 사건'이었던 105인사건은 황해도와 평안도 일대의 반일인사들에 대한 싹쓸이 작전이었다. 평안도 사람들은 왜 그렇게 된 것일까. 윤치호가 말한 것처럼 봉건 인습의 뿌리가 그만큼 얕았고 기독교가 일찍 퍼진 것에서 보듯 신문물의 수용이 빨랐던 특징을 감안해도 설명되지 않는 구석은 남는다. "가장 아픈 사람들이 가장 무거운 짐을 지는" 이 나라 역사의 역逆 데자뷰는 아닐런지.

벨기에 황제 추도식이 끝나고 참가한 인사들이 삼삼오오 명동 언덕길을 내려오는 것을 본 두 사람은 저마다의 칼 쥔 손에 힘을 주었다. "재명 씨 쪽이구마니." "됴아. 조금만 더 오라우." 이완용이 탄 인력거는 이재명 쪽으로 굴러왔다. 이재명은 그의 팔뚝에 붙도록 훈련했던 칼을 치켜들고 이완용의 인력거로 치달았다. 그런데 유달리 건장하고 힘이 세어 이완용이 스카우트했다던 인력거꾼이 이재명을 가로막았고 이재명은 어쩔 수 없이 칼을 휘둘러 그를 쓰러뜨리고 만다. 단련을 거듭한 그의 칼은 매서웠고 한칼에 인력거꾼은 절명을 하고 말았다. 기겁을 한 이완용이 마차에서 뛰어내려 기어서 도망하자 이재명은 날렵하게 그 뒤를 따라잡아 칼을 휘둘렀다.

"이 매국노야! 이 역적놈아!"

이완용의 살을 파고들면서 이재명과 그의 단도는 그렇게 외쳤을 것이다. 하지만 치명상을 입히기 전 일본 경관의 칼이 이재명의 허벅지를 꿰뚫고 이재명은 체포되고 말았다. 이재명은 칼을 꽂은 채로 "이 칼을 빼라. 나는 도망갈 사람이 아니다"라고 호령하면서 구경꾼들에게 태연자약 담배를 얻어 피울 만큼 대담한 사람이었다.

이후 열린 재판에서 이재명의 의기는 꺾이지 않았다. 증거물로 제시된 칼을 두고 일본인 판사가 이 칼이 흉행兇行에 쓰인 것이냐고 묻자 벼락같이 외쳤다.

"너는 흉兇 자는 알고 의義 자는 모르느냐. 나는 매국노를 죽이는 의로운 행동을 한 것이다."

그리고 네 행동에 찬성한 자가 누구냐는 판사의 질문에 "2천만 민족이다"라고 답할 때에는 밖에서 구경하던 한국인들이 법원 유리창을 깨며 "옳다!"고 동조했다고 한다. 그의 노력에도 불구하고 나라가 망한 지 몇 달 후 이재명은 사형에 처해지고 만다. 그는 "나라 위해 죽는 자가 무슨 할 말이 있겠느냐"며 유언조차 남기기를 거절했다.

'죄를 반성하지 않은 죄'

이재명 외 13명이었던 암살단은 한 명을 남겨두고 전원 체포됐다. 한 명은 끝내 그 서슬 퍼런 일본 경찰의 검속을 피해 종적을 감춘다. 바로 그가 이재명과 같이 명동성당 아래 갈림길에 도사리고 있었던 이동수였다. 그런데 이 사람이 다시 세상에 나오게 되는 이유도 드라마틱하다. 대한민국 초대 법무장관을 지낸 이인 변호사 등의 회고에 따르면 이동수는 이완용을 죽이겠다는 일념을 굽히지 않고 10년을 잠행하던 중 이완용 집 고용인으로 들어가 3년을 일하며 기회를 엿보다가 끝내 기회를 잡지 못하고 정체가 탄로나, 1924년 12월 20일 밤 11시 30분 공소시효를 37시간 남기고 체포되었던 것이다. 어쩌면 그는 동짓날을 기다리고 있었는지도 모른다. 14년 전 이재명이 뜻을 이루지 못한 바로 그날, 이완용의 목숨을 빼앗기 위해 칼을 벼르고 또 별렀는지 뉘 알겠는가.

돌이켜 생각건대 불가사의라는 단어 외에는 설명할 길이 없다. 도대체 이완용이 그들에게 무엇이었기에, 그리고 그들에게 나라는 무엇이었기에 나라를 팔아먹었다는 이유로 그들의 젊은 인생과 십 몇 년을 희생해 가며 인생의 안락은커녕 형극뿐인 길을 걸어야 했을까. 이재명은 그나마 후세의 기림을 받고 건국훈장 대통령장이라도 그 영전에 바쳐졌지만 이동수, 김용문 등 그 의거에 가담했던 인물들의 행적은 거의 흔적도 없이 사라져 그들이 어떻게 살았고 죽었는지조차 모른다. 그런 나라를 위하여 그들은 젊음을 걸었고 생명을 바쳤다. 심지어 원수의 집에 들어가 종살이까지 하면서 칼을 갈았다. 그것도 나라에서 은혜를 입었거나 책임감 느껴야 할 자리에 있었거나, 일본에 빼앗긴 것이 많은 사람들도 아니었는데 말이다.

부끄러운 손 모아 그들의 명복을 빌어 본다. 옳은 일이라고 생각한 일에 목숨을 걸었던 사람들은 우리 역사에 참으로 많다. 이재명은 재판정에서 이완용의 죄상을 일일이 열거한 뒤 마지막으로 이렇게 외쳤다고 전해진다.

"이 모든 죄를 조금도 반성하지 않는 죄!"

과연 우리는 얼마나 반성했을까. 이재명의 외침은 이완용에게만 향한 것은 아니었다.

* 이 꼭지는 《월간중앙》 2004년 8월호 이항복 기자의 이재명 의사 관련 기사에 전적으로 의지하고 있음을 밝힙니다.

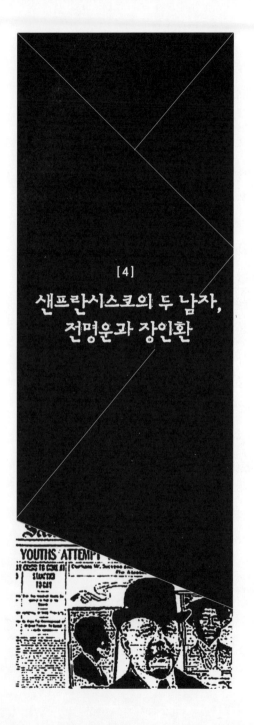

[4]

샌프란시스코의 두 남자,
전명운과 장인환

1908년 3월 23일 샌프란시스코의 두 남자

1908년 대한제국이라는 나라는 거의 사라져 가고 있었다. 외교권을 잃은 지는 벌써 오래고 겨우 명맥을 유지하던 군대조차 해산되어 없어졌다. 분개한 백성들이 들고 일어나기도 했지만 워낙 우세한 무력 앞에서는 속수무책이었다. 외교에서부터 치안까지 한 나라의 정부가 행사해야 할 권리는 차근차근 일본에게 빼앗겼고 일본은 '고문'이라는 직함을 가진 이들을 각 부처에 배치하여 대한제국 정부를 조종하려 들었다. 그 가운데 외무고문은 스티븐스라는 미국인이었다. 그가 미국 내에서 일본에 우호적인 여론을 조성하려는 목적을 가지고 샌프란시스코에 도착한 것이 1908년 3월 20일. 그는 샌프란시스코 내의 여러 신문과 회견을 가지고 '일본의 지배는 한국에서 유익하다Japan's Control, A Benefit to Corea'라는 제목의 왜곡된 친일 성명서를 발표했다. 그 후 그는 기자들에게 다음과 같이 일본의 한국에 대한 침략적 '보호'를 강변한다.

일본이 한국을 보호保護한 후로 한국에 유익有益한 일이 많으므로 근래 한·일 양국인 간에 교제가 점점 치밀하며 일본이 한국 백성을 다스리는 법이 미국이 필리핀 백성을 다

스림과 같고 벼슬아치들은 일본을 반대해도 지방의 농민들과 사사 백성은 전일 정부의 폭정 같은 학대를 받지 아니하므로 일본 사람을 환영하고 있다.

대한 사람이 최초로 미국 땅 하와이에 발을 디딘 지 10년도 (1902년 첫 이주) 안 된 때였으나 어느새 미국에는 많은 수의 한국인들이 정착해 살아 가고 있었다. 특히 태평양의 관문이라 할 샌프란시스코에는 한인 단체들까지 조직되어 활동 중이었다. 스티븐스의 이 발언은 당연히 한국인들의 속을 뒤집어 놓았다. "저렇게 날뛰는 걸 보고만 있을 수 없지 않느냐"며 울분을 토하던 한국인들은 우선 4명이 대표로 가서 스티븐스에게 항의하고 그 발언을 취소하기를 요구해 보기로 했다. 호텔에서 만난 스티븐스는 오만할 정도로 당당했다.

"한국에는 이완용 같은 충신이 있고 이토 히로부미 같은 통감統監이 있어서 한국인들은 행복하다."

적당히 얼러서 돌려보낼 수도 있었건만 스티븐스는 단어 하나하나마다 한국 사람 열 받게 만드는 재주를 갖고 있었다. 다혈질의 한국인들은 그 유구한 '성질'을 폭발시킨다. 의자를 들어 스티븐스를 내리찍어 버린 것이다.

…… 스티븐스의 인터뷰 "일본은 지금 미국이 필리핀에서 필리핀인을 위해서 한 것과 같은 일을 코리아에서 코리안

을 위해서 하고 있다. 주어진 상황이 다소 다르기에 상황에 맞추기 위해서 방법을 수정할 뿐이다"라는 내용에 대해 책임질 수 있느냐, 일본인이 코리안들을 학살하고 있는 것은 아닌지 알고 싶다고 묻자, 스티븐스는 "그런 일은 없다"고 대답했다. 그 순간, 중년의 코리안이 스티븐스를 쓰러뜨렸다. 머리를 바닥에 부딪친 스티븐스는 즉시 일어났지만 앞쪽에 있는 남자가 내리친 의자에 오른쪽 턱을 맞고 쓰러졌다"(《샌프란시스코 콜》1908. 3. 23).

패 죽여도 시원치 않았을 텐데, 주변의 만류에 그냥 돌아와야 했던 한국인들은 모임을 열며 그들의 분노를 토로했다. 가장 열변을 토한 이는 스물다섯 된 팔팔한 젊은이 전명운(1884~1947)이었다.

"내 그 자식을 죽여 버리고 말겠어요!"

당시 회의장은 만석이었고 미처 자리를 차지하지 못한 한인들이 벽까지 들어차 있었다. 그렇게 벽에 기대어 서서 연설을 듣던 한 남자는 이렇게 중얼거리고 있었다.

"총만 있으면 내가 쏘디."

서른 살은 훨씬 넘어 보이는 평안도 사내 장인환(1876~1930)이었다.

미국인 앞잡이 스티븐스에 '정의의 일발'

3월 23일 스티븐스는 워싱턴으로 가기 위해 길을 나섰다. 오클랜드 부두 페리 정거장에 이른 순간 스티븐스는 가까운 곳에서 철컥 철컥하는 기분 나쁜 소리를 듣는다. 흘낏 보니 젊은 동양인 친구가 권총을 들고 자신을 향해 방아쇠를 당기고 있었다. 불발이었다.

"이런 썬 오브 비치!"

스티븐스도 몸을 날렸다. 맹렬한 격투가 벌어졌다. 양쪽 다 필사적이었다. 그 와중에 난데없는 총성이 울린다. 탕 탕 탕! 전명운이 움찔했고 이어서 스티븐스가 비명을 질렀다. 권총

운명의 날 이전 공모는커녕 말 한 번 섞은 적이 없었던 두 남자는 "한날 한시에 한 사람을 죽이는" 거사의 동지가 된다. 조선 땅에서 먹고 살만 했다면 미국으로까지 건너오지 않았을 두 사람. 그들에게 스러져 가는 나라란 무엇이길래 살인범의 혐의가 평생을 옥죌 수 있는 선택을 동시에 했던 것일까.

을 쏜 것은 장인환이었다. 한 발은 전명운이 잘못 맞았지만 나머지는 임자를 찾아갔다. 스티브스는 절명한다. 이것이 이른바 '샌프란시스코 의거' 다.

전명운과 장인환은 함께 체포되긴 했지만 서로 공모한 적이 없었다. 따로따로 계획하고 따로따로 준비했다가 우연히 한 곳에서 만난 것이었다. 스티브스의 유족과 일본측은 정교한 음모에 의한 살인혐의를 적용해야 한다고 주장했다. 하지만 둘은 서로 알지 못하는 사이이며 조국의 원수에게 매수되어 조국을 폄하하는 미국인을 응징한 것이라는 주장을 폈다. 전명운과 장인환에게 필요한 것은 변호사였지만 그에 앞서서 한국어와 영어를 유창하게 구사할 수 있는 통역이 절실했다.

'스티브스 저격사건' 은 해외 곳곳에서 설움받으며 살아 가던 한국인들의 열정을 건드렸다. 전 지구적(?)으로 한국인들의 모금이 이루어졌다. 모금된 비용은 7,390달러에 달했다. 영국의 식민지 아일랜드 출신 변호사는 무료 변론을 자청했다. 똑똑한 한국인의 대명사라 할 이승만이 냉담하게 도움을 거절한 것과는 또렷한 대비.

적임자가 있었다. 하버드 대학을 나오고 윌슨 대통령과도 친분이 있네 없네 하는 똑똑한 한국인이었다. 교민들은 그에게 도움을 청하지만 그는 "기독교인으로서 살인자를 도울 수는 없다"는 해괴한 이유로 요청을 거부한다. 이 신실한 기독교인의 이름은 이승만이었다.

통역 거부한 이승만

교인들은 두 의사를 돕기 위해 동분서주했다. 각처에서 의연금이 모이고 중국 유학생들까지도 성의를 보태는 가운데 한일 양국의 대리전 같은 재판이 펼쳐진다. 검찰측과 일제가 고용한 나이트 변호사는 특히 장인환의 일급살인 혐의를 주장했다. "미개한 한국에서 안전하게 그 직분을 다하고 귀국했는데 이렇게 비명에 갔다"는 것이었다. 그러나 피고측 변호사는 장인환의 스티븐스 총격은 결코 일반적인 '살인'이 아니고 '애국적 광란으로 인한 무지각적無知覺的 범죄'이므로 애국지사 장인환은 당연히 무죄 방면되어야 한다고 주장했다. 즉 장인환은 자기 나라를 사랑하는 혈성이 극도에 지나서 정신이 변할 때 한 행위이므로 형사적인 책임이 면제된다는 논리였다. 그리고 그와 같은 사실을 입증하는 증인으로 교포들을 출두시켰다.

　이 재판에서 판정승을 거둔 것은 한국측이었다. 전명운은 증거불충분으로 곧 석방됐고 장인환은 2급살인으로 규정되어 사형을 면하고 25년형을 선고받은 것이다.

출소 후 고아 돕기에 전념

장인환은 그로부터 10여 년간 감옥살이를 한다. 이승만과 같은 기독교인이었던 그는 감옥에서 세탁 기술을 배웠고 영어를 마스터한다. 출소한 이후 그는 교민단체의 지도급 인사로 일하다가 귀국한다. 남아 있던 가족들의 환영을 받고 늦장가도 든 그의 눈에 들어온 것은 짐승보다도 못하게 거리를 헤매는 고아들이었다. 장바닥에 떨어진 곡식 낱알로 허기를 때우는 아이들을 보면서 장인환은 고아원을 세워 아이들을 돌볼 생각을 하게 된다. 의거 이전부터 고국의 고아원 사업에 관계하고 있었고 옥중에서도 도움 약속을 지키지 못한 것을 안타까워하고 있었기에 그의 선택은 당연한 것이었다. 그는 '대동고아원 외국 총무'로서 미국 각지를 돌며 의연금을 모았고 성과도 꽤 좋았다.

그러나 그는 일제 당국이 보기에 에누리 없는 불령선인不逞鮮人, 그 후의 대한민국 정부가 쓴 단어로 하면 '요주의 인물'이었다. 당연히 일제는 사사건건 장인환의 다리를 걸었고 활동을 가로막았다. 장인환은 결국 1년을 버티지 못하고 미국으로 돌아간다. 늦장가를 든 아내에게 곧 부르마 하고 철석같이 약속을 하고 돌아갔지만 그는 그 약속을 지키지 못한다. 까다로운 미국 이민법이 부부를 갈라 놓은 것이다. 다시 차린 세탁소 사업은 여의치 않았고 조선에 남겨둔 딸이 그만 어려서 죽고 말았다는 소식이 태평양을 건너왔다. 일찍이 재판정에서 "내가 어찌 그놈을 죽이지 않겠는가. 수백 만의 한국민이 그의 모함에 빠져 죽었다. 그가 다시 살아서 한국에 돌아간다면 다시 그만한 한국 인민이 죽임을 당할 것이다. 여기에 있어서 나는 우리나라를 위해 그를 저격했다. …… 사람은 죽음의 길을 알아야 한다. 내가 그를 죽이고 또 나도 죽으면 우리나라의 광영이며 우리나라 인민의 행복인 것이다"라고 사자후를 토하던 장인환도 이 슬픔에서 헤어나지는 못했다. 생활고 끝에 속병까지 얻은 그는 1930년 치료받던 병원 3층에서 몸을 던진다.

장인환·전명운 두 의사의 불행한 노년

전명운은 증거불충분으로 풀려난 뒤 교포사회의 도움으로 지구를 반 바퀴 돌아 블라디보스토크로 피신한다. 이 블라디보스토크 행은 단순히 피신만은 아니었다. 1905년 이래 미국 서부 지역에는 한국인들이 만든 '공립협회'가 조직을 강화하고 있었고 공립협회는 러시아 연해주의 한인들을 주목했다. 러시아 한인들의 독립 열기를 고취하기 위해 전명운은 이강 등과 함께 러시아로 들어갔던 것이다. 스티븐스를 사살하려 했던 그는 일종의 영웅이었을 것이다. 안중근도 그를 만나 대화를 나누었다고 하는데 후일의 이토 히로부미 암살에 일종의 모티브를 제공했을 수도 있겠다. 그러나 전명운의 이후 생활은 고달팠다.

미국에 돌아와 가정을 꾸리고 세탁소를 운영했지만 전명운은 일찍 아내를 여의고 경제공황의 직격탄까지 맞으면서 극심한 생활고에 시달렸다. 1남 2녀를 고아원에 맡기고 생존을 위해 발버둥쳐야 했다. 하지만 평생 일본 음식을 먹지 않고 일본인에 대한 증오를 감추지 않으면서 살아갔다고 한다. 동지 장인환과는 달리 조국의 해방을 보지만 끝내 고향 땅을 밟지 못한 채 세상을 떴다. 그는 3·1절이면 한인교회에 나가 연설을 했고 해방 후에는 "내가 스티븐스를 쏜 거사가 한국의 소학교 교과서에 나온다"고 흐뭇해 했다고 한다. 그 사실 하나, 그래도 누군가 내 행동을 기억하고 알아 주리라는 희망은 그의 팍팍하고 힘겨운 생애의 유일한 기둥이었는지도 모른다.

쥐뿔 하나 준 것이 없고 버티다 못해 등지고 떠나야 했던 변변찮은 조국일망정 그 이름을 더럽히고 그 나라 국민을 욕보이는 이방인에게 분노했던 두 명의 청년들이 나라로부터 훈장을 받은 것은 "기독교도로서 살인자를 도울 수는 없다"던 고고한 한국인이 초대 대통령으로 12년을 해 먹고 쫓겨난 지 두 해 뒤인 1962년이었다.

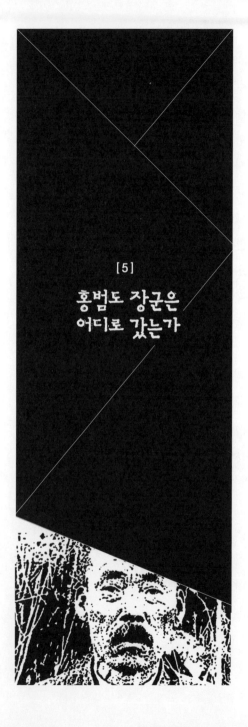

[5]

홍범도 장군은
어디로 갔는가

"청산리 전투는 홍 장군"

어렸을 적 교과서에서 '청산리 전투'를 처음 배웠을 때의 일이다. 우리 할머니는 손자가 학교에서 배운 이야기를 미주알고주알 풀어 놓는 것을 노래 듣듯 즐기셨다. 그날도 '청산리 전투'와 '김좌진 장군' 이야기를 배웠다고 종알종알 늘어 놓았는데, 항상 흥겨운 추임새만 넣으시던 할머니가 갑자기 말을 끊으셨다.

"청산리는 홍 장군이야. 청산리 싸움은 홍 장군이 한 거라니깐두루."

나는 당연히 학교의 권위를 내세워 김좌진이 맞다고 우겼다. 그런데 평소엔 뭐든지 '네 말이 옳다'며 웃으시던 할머니의 결기가 보통이 아니셨다.

"네 할아버지가 따라다니던 장군이 홍 장군인데 내가 그걸 모르갔니. 홍 장군이라니까. 김좌진인가 그 양반도 한몫했는지는 모르갔지만."

이야기인즉 1899년생이던 할아버지는 만주에 살던 팔팔한 조선 청년이면 대개 그랬듯이 독립군에 가담해서 얼마간 따라다닌 적이 있었는데 그때 그 부대가 홍 장군의 부대로 청산리 대첩을 이룬 부대라는 것이다. 나는 김좌진밖에 모르는데.

수수께끼는 오래지 않아 풀렸다. 홍 장군은 홍범도 장군(1868~1943)이었다. 오래된 국정교과서의 지식으로는 그는 '봉오동 전투'의 짝이 되는 인물이다. 교과서 속에서 '청사에 빛날 청산리 전투'는 김좌진과 이범석의 훈공으로만 남아 있었다. 그러나 기실 그 공훈의 절반 또는 3분의 2는 홍범도 부대의 것이라고 해도 무방하다. 청산리 전투는 사이가 그다지 좋지 않았던 홍범도 부대와 김좌진 부대의 연합작전이었고, 연합작전이라고는 하지만 홍범도 휘하의 대한독립군의 활약이 돋보였던 것이다. "김좌진의 북로군정서는 전력은 강했지만, 수백 리를 강행군해 청산리에 도착한 직후였고, 식량난에 허덕이고 있었다. 반면 홍범도 부대는 9월 하순 가장 먼저 도착해 전투에 대비했다"(장세윤, 동북아재단 연구위원). 그리고 일본측의 기록도 그렇다.

10월 하순 고도구 어랑촌 및 봉밀구 방면에서 일본 군대에 대하여 완강히 저항한 주력부대는 독립군이라 칭하는 홍범도가 인솔한 부대였다. 홍범도의 성격은 호걸의 기풍이 있어서 김좌진과 같은 재질이 있는 인물이 아닌 듯하고, 앞서 홍범도가 간도 방면을 동분서주하고 있을 무렵 일반 조선인, 특히 그 배하에 있는 자로부터 하느님과 같은 숭배를 받고 ……(독립운동사 편찬위원회, 《독립운동사 사료집》 제10집).

오늘날 남한 사람들은 청산리 전투는 오롯이 김좌진과 이범석의 이름만으로 기억하고 그렇게 교육받지만 당장 중국의 조선족들부터 이 생각에 고개를 젓는다. 홍범도의 깊고도 선명한 발자국이 이렇듯 희미하게 쓸려 나간 데에는 여러 요인이 있다. 우선 청산리 전투에서 함께 싸웠으며 대한민국 초대 국무총리였던 이범석 등은 홍범도의 활약을 폄하에 가까운 기록으로 남겼다.

8일 밤 작전회의를 열고 김좌진 장군을 총지휘로, 홍범도, 최명록 두 분을 부사령관으로, 여행단장이었던 내가 전적 총지휘, 즉 전투사령관으로 부서를 정했다. 또한 홍범도 부대가 터시고우 방면, 의군부가 무산간도 방면의 버들고개, 군정서 군대는 중앙의 송림평을 각각 작전 지역으로 정했다. 그런데 9일 새벽에 보니 아무 연락도 없이 모두들 떠나가 버렸고, 다만 한민단 일개 중대만 남아 있었다. 3개 단체는 아무 말 남기지도 않고 밤의 장막과 함께 사라진 것이다. 5만이 넘는 적의 대병력의 기세에 압도당해 전의를 상실한 게 확실하다(이범석, 《우등불》).

즉 홍범도 등이 겁을 먹고 도망쳤다는 식이었다. 이범석은 왜 그렇게 홍범도를 폄하했을까? 아마도 독립 이후 한국사를 규정한 분단의 현실 때문일 것이다. 철저한 우익이었던 이범석은 소련으로 넘어간 홍범도를 인정하고 싶지 않았고 좌익계의 독립운동에 대한 왜곡과 축소 또는 전면 '삭제'는 독립운동사 전반에 걸쳐 행해졌으니, 홍범도의 이름이 청산리 전투사에서 가려진 것은 그렇게 이상한 일이 아니다.

그러나 홍범도 장군은 독립군 장군 가운데 가장 먼저 전투에 참여해(1907년 함흥 근처 후치령 전투) 가장 늦게까지 싸운 독립군 지휘자 가운데 하나다. 그는 어려서 고아가 된 후 나이를 속이면서까지 평양 감영의 군인이 됐고 그곳에서 사격술과 군인으로서의 기본자세를 배웠다. 그런데 하도 꼴같잖게 구는 상관이 하나 있어 평양박치기로 들이받아 버리고는

가장 먼저 일어났고 가장 늦게까지 살아남았던 의병장이자 독립군 지도자. 봉오동과 청산리의 승리를 이끌어냈으나 독립군끼리 총구를 겨눈 자유시참변을 지켜보아야 했고 그 책임을 추궁하는 이들로부터 목숨을 위협받았으며, 타의에 의해 조국으로부터 멀리 떨어지고 일본제국주의와 싸울 수도 없는 땅으로 강제이주된 뒤 자신의 일대기를 다룬 연극을 관람하며 여생을 보낸 극장 수위. 그의 이름에 얽힌 사연은 무척이나 화려하면서도 침울하다. 말년의 홍범도의 얼굴에서 그 풍상을 읽는다.

군인 노릇을 집어치워 버렸다.

사냥꾼 총 압수에 맞서다

이후 머리를 깎고 불제자도 되어 봤으나 역시 무인武人의 기운을 떨칠 수가 없었던지 낭림산맥과 개마고원 일대에서 사냥꾼으로 이름을 떨치게 된다. 그는 금강산 절을 드나들면서 어느 비구니와 사랑에 빠지게 되는데 뜻하지 않게 헤어졌다가 극적으로 재상봉하여 가정을 꾸리게 된다. 농사일을 거들며 틈틈이 사냥으로 삶을 영위하던 그 시절이 홍범도의 일생

홍범도는 부하들에게 항상 이렇게 훈시했다고 한다.

1. 잘못을 저지르지 않는 사람은 없다.
   오직 잘못을 깨닫지 못하는 것만이 사람의 잘못이다.
2. 남의 말을 들어서 사람을 평하지 말라. 오로지 자기 판단에 의존하라.
   남을 나쁜놈이라고 말하는 그자가 나쁜 사람일 때가 많다.
3. 과묵하라. 말을 옮기지 말라.
4. 비밀에 대한 약속을 반드시 지켜라.
5. 약한 자를 항상 도와 주어라

에서 가장 평탄한 시기였으리라. 그러나 세상은 홍범도를 평화롭게 놔두지 않았다. 그즈음 대한제국을 통째로 집어삼키던 일본은 껄끄러운 가시를 발라내려는 시도에 나섰다. 껄끄러운 가시란 홍범도 같은 사냥꾼들이 보유하던 총기였다. 일본은 모든 사냥꾼과 포수들에게 총기 수거령을 내린다. 임진왜란 때 쓰던 조총과 별반 다를 바가 없던 구닥다리 화승총도 허락하기 어려웠던 것이다. 또 한편으로 총기류는 실질적인 위협이기도 했다. 함경도 지역 포수들은 러시아 등지에서 신형 소총을 밀수해 사용하기도 했고 그래서 후일 독립투쟁 가운데에서도 막강한 '스나이퍼' 실력을 발휘했던 것이니까.

어쨌든 일제의 총기 수거령은 총 하나로 먹고 살던 포수들에게는 청천벽력이었고 그렇지 않아도 뻗쳐 나가던 반일 감정에 불을 붙였다. 그들을 지휘하며 일어선 것이 홍범도였다. 1907년 11월 15일의 일이었다. 함경도, 평안도 산골의 포수들로 구성된 홍범도 부대는 일제에게는 공포의 대상이었다. 병인양요 때 프랑스군의 콧대를 꺾었던 강원도 포수들보다 나았으면 나았지 떨어지지 않았다. 홍범도는 그 대장이었다. 전설 같은 얘기에 따르면 "동지들 먼저 가오" 하고 부하들을 앞서 보낸 후 혼자 남아서 단신 저격으로만 수십 명의 일본군을 처치하고 휘적휘적 돌아오기도 했다. 적의 공포는 나의 기쁨, 한인들은 노래를 부르며 홍 장군을 찬미했다.

홍 대장이 가는 길에는 일월이 명랑한데
왜적 군대 가는 길에는 비가 내린다.
에헹야 에헹야 에헹야 에헹야
왜적 군대가 막 쓰러진다.

골머리를 앓던 일제는 그의 아내와 장남을 인질로 삼아 홍범도가 무릎을 꿇게 하려고 했으나 그는 이에 굴복하지 않았다. 결국 아내와 아들은 고문 끝에 죽었고 둘째 아들은 전투 중에 죽었다. 혹자는 1920년 일제가 만주 지역의 조선인들을 대학살한 '경신대참변' 와중에 죽었다고도 한다.

문득 떠오르는 생각 하나. 평안도와 함경도는 조선 왕조 내내 차별받던 지역이다. 게다가 양반 신분도 아니었던 홍범도가 나라로부터 받은 은혜라고는 쥐뿔도 없었을 것이다. 그런 그가 왜 처자식까지 잃어 가며 악착같이 잃어버린 나라를 찾기 위해 싸웠을까. 민간인을 강간한 부대원을 총살한 후 자신의 옷으로 그를 감싸 묻은 뒤 사흘 동안 식사도 거부하며 슬퍼했던 인정 많고 감수성도 풍부했던 남자는 왜 싸움터를 떠나지 않았을까.

청산리 전투는 독립운동의 금자탑이자 재앙의 팡파르였다. 일본군은 만주 지역의 안정 없이는 조선의 지배가 불안할 수밖에 없다는 사실을 절감했고 가공할 무력을 동원해 만주 일대 조선인들의 저항 동력을 뿌리째 뽑으려 들었던 것이다. 일본은 경신대참변을 일으켜 도처의 조선인 부락을 쓸어 버렸고 그로 인해 수만 명의 조선인이 죽었다. 독립군은 독립군들대로 안전지대를 찾다가 자유시참변(소련 적군의 일원이 된 이르쿠츠크파 고려공산당과 상해파 고려공산당의 분열과 권력투쟁이 빚은 동족상잔의 비극)의 경우와 같이 참혹하게 서로가 서로를 죽이며 기가 꺾였다.

그 이후 잉걸불처럼 타오르던 홍 장군도 빛을 잃는다. 한때 레닌에게 권총을 선물로 받을 만큼 투쟁의 지도자로 인정받던 그였으나 일본의 침략을 두려워하던 스탈린에게는 "그놈이 그놈"인 조선인의 일원일 뿐이었다. 스탈린은 1937년 연해주의 조선인들을 중앙아시아로 강제이주시키라는 명령을 내린다. 연해주 지역에 살던 20만여 명의 조선인들은 마치 아우슈비츠로 향하는 유대인들이 그랬듯 열차에 차곡차곡 실려 중앙아시아로 강제이주된다. 이 가운데에는 홍범도도 끼어 있었다. 그러나 부하와 조직을 잃고 자신이 투쟁할 대상마저 잃어버린 홍 장군은 더 이상 장군이 아니었다.

"이 꼴을 당하고 어찌 살갔소?"

홍범도는 알마아타의 크질 오르다 고려인 극장의 수위로 말년을 보낸다. 파르티잔을 잔뜩 미화하는 영화를 틈틈이 훔쳐보면서 홍 장군은 대관절 어떤 심경이었을까. 그가 마지막으

로 왕년의 '장군'의 면모를 보인 것은 독일이 소련을 침공한
이후였다.

1941년 6월 일본의 동맹국인 독일이 소련을 침략하여 전쟁
이 일어나자, 홍범도는 73세의 나이에도 불구하고 당국을
찾아가 전선으로 보내 달라고 요청하였다. 그러나 참전을
거절당하자 그는 자신의 힘과 유연성을 보여 주기 위해서
사병들이 훈련받고 있는 사격장에 의심하는 사람들을 불렀
다. 그리고 25미터 떨어진 거리에서 작은 동전을 명중시키
는 사격 솜씨를 발휘하였다(장세윤, 《홍범도, 생애와 독립전
쟁》).

소련의 중앙아시아로 끌려가 그곳에서 생애를 마쳤기에 그
는 남한의 역사적 시야로부터 결정적으로 멀어진다. 사회주
의자를 자처한 적은 없었던 그였지만 소련에서 죽은 독립군
지도자의 행적은 남한에서 용납되기 어려웠던 것이다. 어릴
적 봤던 위인전에서 그는 '행방불명'으로 처리되고 있었던
기억이 난다.

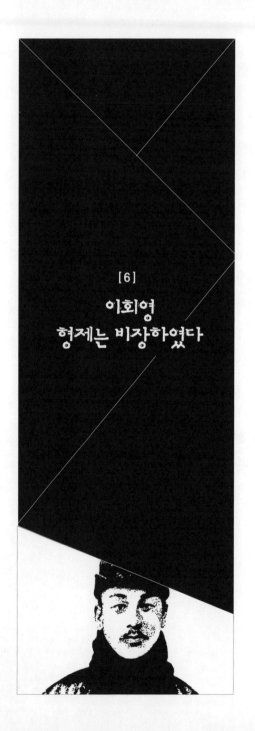

[6]

이회영
형제는 비장하였다

을사늑약에 일가 이끌고 만주로

1905년 11월 17일 을사늑약이 체결됐다. 대한제국의 외교권을 빼앗은 이 늑약이 알려지자 장지연의 〈시일야방성대곡〉을 비롯하여 격렬한 반대의 목소리가 터져 나왔다.

"오늘로 대한은 망했다. 이 일을 어찌하는가."

분노한 군중들이 종로를 메웠고 종로 상인들은 일제히 철시했다. 어떤 이들은 도끼를 떠메고 덕수궁 대한문(1905년 당시에는 경운궁 대안문이었다) 앞에 엎드려 통곡하며 을사오적을 죽이라고 호소하기도 했다. 그 가운데 하얀 얼굴에 반듯한 외모의 서른여덟의 남자가 이상재, 이동녕 등과 함께 열변을 토하고 있었다. 그의 이름은 우당 이회영(1867~1932).

이회영은 오성과 한음 중 오성이었던 백사 이항복의 후손으로, 문중에 정승판서가 수두룩했던 '삼한갑족(우리나라 역사를 통틀어 명문이라 칭할 수 있는 집안)'의 일원이었다. 명동성당 아래 일대의 땅을 모두 소유했을 정도로 거부이기도 했던 그는 기울어지는 나라를 살려 보기 위해 최선을 다했고 비밀리에 사람을 사서 을사오적을 죽일 계획을 꾸미기도 했지만 무위에 그쳤다. 고종에게 밀사 파견을 제안하고 그 신임장을 몰래 빼돌려 간도의 이상설에게 전달했지만 밀사들은 헤이그

만국 평화회의장에 입장하지도 못했다.

대한이 다시 '조선'으로 바뀌고 황제가 '이李왕'이 되고 삼천리 강토가 일본의 치세에 들어갔던 1910년 12월. 50여 명의 사람들이 떼를 지어 두만강을 건넜다. 얼굴을 베일 듯한 칼바람에 몸을 잔뜩 움츠리고 잰걸음으로 얼어붙은 두만강을 건넌 이들은 바로 이회영의 친족 일가다. 이회영과 그의 형 둘, 그리고 왕년의 총리대신 김홍집의 사위요 과거에 급제해 평안도 관찰사를 지냈던 동생 이시영 등 6형제(이복형제 호영, 소영 포함)의 가족이 함께하고 있었다. 그들은 모든 재산을 처분하여 현금화한 뒤 만주로 건너가는 길이었다(그 액수가 지금으로 따지면 6,000억 원이었다).

전 재산은 나라를 되찾을 항쟁의 터전을 마련할 요량이었다. 전답은 물론, 조상 제사를 위한 위토位土까지도 처분했다. '나라가 망했는데 무슨 제사냐' 하는 심사였으리라. 일행 중에는 이씨 가문의 노비였던 이들도 끼어 있었다. 노비문서를 불태운 지 오래였지만 그들은 끝까지 옛주인과 함께 하겠다고 했다. 노비들에게도 하대를 하지 않았던 주인들이었고, 그들이 큰일을 한다는데 어찌 우리가 따르지 않겠냐는 것이었다.

두만강을 건널 때 이회영은 뱃사공에게 뜻밖의 후한 배상을 치른다(이회영 가족이 두만강을 건넌 12월이면 강이 얼어붙었을 것이니 아마도 후일 그가 다른 일로 두만강을 건널 때의 일일 수도 있겠다). 뱃사공이 몇 번이고 머리를 조아리자 이회영은 이렇게 말한다.

"일본 경찰이나 헌병에게 쫓기는 이가 돈이 없어 헤엄쳐 강을 건너려 하거든 나를 생각하고 그 사람들을 건너게 해 주시오."

뱃사공은 이 약속을 지키면서 살았다고 전한다.

좀 엇나간 얘기를 덧붙이면 온 국민이 모르는 이 없는 국민 가요라 할 〈눈물 젖은 두만강〉의 가사에 뱃사공이 등장하는 것에도 사연이 있다. 무장항쟁을 전개하다가 체포된 함경북도 온성 사람 문창학의 아내는 일체의 상황을 모른 채 오로지 남편을 찾아 두만강변 조선과 중국의 국경지대를 헤매고 다니다가 뒤늦게 남편이 서울에서 사형당했음을 알게 된다. 하늘이 무너지는 소식에 문창학의 아내는 여관방에서 밤새 통곡하며 울었고 사연을 알게 된 작곡가 이시우가 가락을 만들고 후일 가사를 덧붙이게 되니 이게 〈눈물 젖은 두만강〉이다. 수도 없이 두만강을 넘나들었을 문창학의 아내를 태워 준 뱃사공은 이회영의 뒷모습을 지켜보며 눈물 삼키던 그 사람이었는지도 모른다.

전 재산 털어 신흥무관학교 열다

그렇게 건너간 만주에서 이회영 형제들은 가지고 나온 재산을 털어 이동녕, 이상룡 등과 함께 일종의 자치조직인 '경학사'를 세운다. 밭 갈면서 공부한다는 그 뜻처럼 구국계몽운동 이념에 입각한 교육기관이었다. 또한 그 부설기관으로서 '신흥강습소'를 건립하는데 경학사는 곧 문을 닫게 되지만 신흥강습소는 신흥무관학교로 개편되어 이후 독립운동의 요람이 된다.

삽과 괭이로 고원 지대를 평지로 만들어야 했고 왕복 20리나 되는 좁은 산길이라서 험한 산턱 돌산을 파 뒤져 어깨와 등으로 날라야만 하는 중노역이었지만 우리는 힘든 줄도 몰랐고 오히려 왕성하게 청년의 노래로 기백을 높이며 진행시켰다.

그렇게 만든 신흥무관학교의 교가 가사를 보면 망국의 설

"잘생겼다 잘생겼다~~" 하는 광고도 있지만 어느 시대에 갖다 놓아도 미남 소리를 들을 만한 외모다. 사람의 뼈에 귀골 천골이 어디 있을까마는 꾹 다문 입술에는 기품이 서리고 눈빛에는 총명이 빛난다고나 할까. 억만금의 재산까지 갖춘 헌헌장부는 도대체 무엇 때문에 한심하게 유지되다가 급기야 명맥이 끊어져 버린 나라를 위해 자신의 모든 것을 내놓았을까. 나라란 그에게 무엇이었을까. 한국 현대사에서 '노블리스 오블리제'를 발휘한 진귀한 인사로 추앙함에 앞서서 대체 나는 그것이 궁금하다.

움이 아니라 오히려 오만해 보이기까지 하는 당당함이 묻어 난다.

서북으로 흑룡태원 남에 영절에 여러만만 헌원자손 업어 기르고 동해 섬 중 어린것들 품에다 품어 젖 먹여 기른 이 뉘뇨. 우리우리 배달나라의 우리우리 조상들이라 그네 가 슴 끓는 피가 우리핏줄에 좔좔좔 걸치며 돈다.

가사는 우리 민족이 중국인들을 '업어 길렀'고 '섬 중 어린 것들'인 일본인을 젖 먹여 키웠다는 이야기다. 곡조는 미국 남북전쟁 당시 헨리 클레이 워크가 북부의 장군 윌리엄 테쿰

신흥무관학교 풍경. "얼마간의 훈련을 받고 나자 나도 힘 든 생활을 해 나갈 수 있었으며 그러자 훈련이 즐거워졌다. 봄이면 산이 매우 아름다웠다. 희망으로 가슴이 부풀어 올랐으며 기대에 넘쳐 눈이 빛났다. 자유를 위해서라면 무슨 일이든 못할소냐." 님 웨일스의 《아리 랑》에 기록된, 김산(장지락)의 신흥무관학교 시절 추억이다. 선생과 학생 이 한덩어리가 돼 일제로부터의 '자유'를 꿈꾸던 투쟁의 산실. 이회영은 그 시작이자 토대였다.

세 셔먼 장군의 행진을 그리며 작곡한 〈조지아 행진곡〉이다. 신흥무관학교는 10년 동안 약 3천 5백여 명의 졸업생을 배출했는데 의열단을 조직한 김원봉이나 김좌진 등이 이 학교 출신이었고 청산리 대첩 등 일본군을 혼쭐 낸 독립군의 주력이 신흥무관학교에서 길러졌다. 영화 〈암살〉에 신흥무관학교 출신의 '속사포' 조진웅이 읊었다고 나오는 짤막한 시 '나뭇잎이 떨어지기 전에 어서 무기를 준비하여 압록강을 건너는 것이 소원'은 신흥무관학교 교관이었던 김경천 장군의 일기에서 따 온 것이었다.

아마 영화 〈암살〉을 보신 분들은 속사포(조진웅)가 거사에서 빠지려고 하다가, 과거 신흥무관학교 시절 이런 글을 쓰지 않았느냐는 추궁에 결국 참여를 결심하게 되는 장면이 기억나시죠. 저는 감독이 이 내용까지 파악하고 있었다는 데 놀랐습니다(아래 글은 상명대 한애라 대학원생이 찾아준 내용을 바탕으로 한 것입니다). 사실 그 대사는 1919년 7월 이후에 쓰인 김경천의 일기에서 가져온 것입니다.

"여름이 장차 끝나가고 초가을이 오려고 한다. 여러 유지들은 나뭇잎이 떨어지면 군사행동을 하기가 불리하니 어서 무기를 준비하여 가지고 압록강을 한번 건너는 것이 소원이라고 한다. 나도 그렇게 생각하나 지금의 형편으로는 압록강은 고사하고 개천도 못 건너가겠다고 생각한다"(상명대

이 역사에 길이 남을 독립운동의 요람 신흥무관학교의 모든 수업료는 놀랍게도 '무료'였다. 그 밑 빠진 독에 퍼부어진 물은 모두 이씨 가문의 재산이었다.

일본과 그 압력을 받은 만주 군벌에 의해 신흥무관학교가 폐교되자(1920) 이회영은 북경으로 거처를 옮긴다. 그의 북경 집은 독립운동가들의 전진기지이자 휴식처, 사랑방이자 회의 장소 역할을 했다. 독립운동가, 또는 그런 뜻을 지니고 북경을 찾은 조선인들은 예외 없이 이회영의 집을 찾았다. 그 가운데에는 소설《상록수》의 저자 심훈도 있었다. 그의 기록에 나타난 이회영의 모습은 사뭇 눈물겹다.

두 달 만에야 식비가 와서 나는 우당(이회영의 호) 댁을 떠나 동단패루에 있는 공우로 갔다. 허구한 날 돼지기름에 들볶아 주는 음식에 비위가 뒤집혀서 조반을 그대로 내보낸 어느 날 아침이었다. 뜻밖에 양털을 받친 마괘를 입고 모발이 반백이 된 노신사 한 분이 양차를 타고 와서 나를 심방하였다. 나는 어찌나 반가운지 한달음에 뛰어나가서 벽돌 바닥에 두 손을 짚고 공손히 조선 절을 하였다. 그리고 노인이 손수 들고 오시는 것을 받아들었다. 그 노인은 우당 선생이셨고 내 손에 옮겨 들린 조그마한 항아리에는 시큰한 통김치 냄새가 끼쳤다(이덕일,《이회영과 젊은 그들》).

중국 음식에 비위가 상해 제대로 밥을 먹지 못하는 젊은이를 위해 통김치를 손수 들고 왔던 노인. 이회영은 그런 사람이었다.

이국땅에서 동포 보살핀 노신사

북경 행 이후 그의 형제들에게는 잇단 비극이 닥쳤다. 한때는 손에 물 한 방울 묻히지 않고 살았던 이씨 가문 며느리들은 삯바느질로 연명해야 했고 아이들을 학교에 제대로 보내지도 못했다. 일찍이 고관 댁의 양자로 들어가 그 재산을 상속받아 재산이 가장 많았던 둘째 형 이석영은 상해의 빈민가에서 굶어죽었고 그의 아들은 의열단원이 되어 일제 밀정을 처단하는 등 맹렬히 활동하다가 젊어서 병을 얻어 죽었다. 셋째 철영은 만주 신흥무관학교 시절 사망했고, 맏형 건영의 가문도 대가 끊겼다. 막내 호영은 만주에서 독립운동 중 소식이 끊겨버렸다. 여섯 형제 가운데 살아남아 해방을 본 것은 다섯째 시영이 유일했다(원래 7형제인데 망명 전 막내 사망).

한때 총리대신 김홍집의 사위로 잘나가던 관료였던 이시영이 36년의 일제강점기를 버텨 내고 해방을 맞았을 때의 나이는 이미 일흔 여덟이었다. 이승만조차 성재 어른이라고 존대

할 정도의 연륜이었다. 다른 형제들을 이국땅에 묻고 자신도 죽을 고생을 하고 온 처지였지만 권력의 중심에서도 이시영이라는 인물됨은 이씨 가문의 마지막 남은 동량답게 흔들림이 없었다. 청렴결백의 표상이었고, 이승만의 절대권력 앞에서도 할 말을 하는 몇 안 되는 인물이었다.

그러던 그가 1951년 5월 9일 이승만 정권이 저지른 최악의 범죄 중의 하나인 국민방위군사건을 비판하며 국민에게 전하는 글을 남긴 후 사임한다. 전쟁을 치른다는 나라의 정부가 자국의 젊은이들 수만 명을 생으로 얼려 죽이고 굶겨 죽였던 이 엄청난 사건을 통절하게 규탄하는 그의 부통령 사임 성명에는 서릿발 같은 선비의 기상이 뚝뚝 떨어져 글자 한 자 한 자가 시퍼렇게 날이 서 있다.

…… 나는 정부 수립 이래 오늘에 이르기까지 고관의 지위에 앉은 인재로서 그 적재가 적소에 배치된 것을 보지 못하였다. 그러한 데다가 탐관오리는 가는 곳마다 날뛰어 국민의 신망을 상실케 하며, 나아가서는 국가의 존엄을 모독하여서 신생민국의 장래에 어두운 그림자를 던지고 있으니 이 얼마나 눈물겨운 일이며 이 어찌 마음 아픈 일이 아닌가. 그러나 사람마다 이를 그르다 하되 고칠 줄을 모르며 나쁘다 하되 바로잡으려 하지 않을 뿐만 아니라 이것의 시비를 논하는 그 사람조차 관 위에 앉게 되면 또한 마찬가지로 탁

한국사를 지켜라 ❶
독립운동가로 산다는 것

수오류에 휩쓸려 들어가고 마니 누가 참으로 애국자인지 나로서는 흑백과 옥석을 가릴 도리가 없다. 더구나 그렇듯 관의 기율이 흐리고 민막民瘼이 어지러운 것을 목도하면서도 워낙 무위무능 아니 하지 못하게 된 나인지라 속수무책에 수수방관할 따름이니 내 어찌 그 책임을 통감하지 않을 것인가.

얼마나 한스러웠을 것인가. 자신의 형제들을 다 잡아먹혀가며 이루고자 한 해방된 조국. 그나마 반쪽으로 갈라져 서로 죽고죽이는 전쟁을 치르는 와중에 자신이 부통령을 맡고 있는 공화국 정부는 자신의 동량 같은 청년들을 건사하기는커녕 길거리의 원혼으로 만들었고, 그들을 먹이고 입힐 돈은 기생들의 치마폭과 장군들의 금고 속으로 들어갔으며 그래놓고도 국방장관의 사위에게는 무죄가 선고되는 판이었으니 노구의 그가 겪어야 했을 실망과 분노는 오죽했을까. 사임의 변을 읽어내리며 성재 이시영은 온 가족이 나이 환갑을 훌쩍 넘어서도 안온한 잠자리 구하지 않고 삭풍한설 몰아치는 만주 벌판으로 향하던 형 이회영을 떠올리며 입술을 깨물었을 것이다.

노구 이끌고 무기 구하러 만주 행

북경에 머무르던 이회영이 다시 만주로 떠난 것은 예순 여섯이 되던 1932년이었다. 만주 군벌 장학량張學良에게 무기를 구하려 했다고 하기도 하고 누군가를 처단하기 위해 갔다고도 하는데 주위에서 고령을 이유로 만류하자 그는 이렇게 대답했다고 한다.

"늙은 사람이 덥수룩하고 궁색한 차림을 하고 가족을 찾아간다고 하면, 누가 나를 의심하겠는가? 내가 먼저 가서 준비 공작을 해 놓을 테니 그대들은 내가 연락을 하거든 2진, 3진으로 뒤따라 오라."

사람은 누구나 늙는다. 팔다리에 힘이 없어지고 눈과 귀는 어두워진다. 나이는 몸부터 허물어뜨린다. 하지만 마음은 다르다. 나이를 얼마 먹지 않고도 마음이 꼬부랑 노인이 되는 이는 헤아릴 수 없이 많고 나이를 먹을 만큼 먹고도 마음만은 젊어 피 끓는 사람도 적지 않다. 이회영은 몸이 늙어갈수록 마음은 푸르러져 가던 사람이었다. 그는 만주로 가기 전 젊은 이들에게 이렇게 말한다.

인간으로 세상에 태어나서 누구나 자기가 바라는 목적이 있네. 이 목적을 달성한다면 그보다 더한 행복은 없을 것이네. 그리고 그 목적을 달성하기 위해서 그 자리에서 죽는다

하더라도 이 또한 행복 아닌가. 남의 눈에는 불행일 수도 있겠지만 죽을 곳을 찾는 것은 옛날부터 행복으로 여겨 왔네. 같은 운동선상의 동지로서 장래가 만 리 같은 귀중한 청년자제들의 죽음을 제 집에 돌아가는 것으로 여겨 두려움 없이 몇 번이고 사선을 넘고 사지에 뛰어드는데, 내 나이 이미 60을 넘어 70이 멀지 않았는가. 그런데 이대로 앉아 죽기를 기다린다면 청년동지들에게 부담을 주는 방해물이 될 뿐이니 이것은 내가 가장 부끄러워하는 바요, 동지들에게 면목이 없는 일이네.

그러나 그의 만주 행은 밀정에 의해 일제에 일거수일투족 보고되고 있었다. 요동반도 끝 대련에서 그는 일본 경찰에 체포되어 무자비한 고문을 받는다. 그리고 1932년 11월 17일 하필이면 을사늑약 체결 27년을 맞던 그날 세상을 떠난다. 일본 경찰은 그가 목을 매 자살했다고 발표했지만 이미 얼굴에 유혈이 낭자했다는 전언으로 비추어 고문 끝에 세상을 떠났다는 주장이 더 설득력이 있다. 평생을 안온하게 살 수 있었던 온 집안사람들을 이끌고 풍찬노숙의 망명길로 떠났던 이회영은 그렇게 평생을 바치고 쏟기만 하다가 죽어 갔다.

아나키스트였던 그가 독립된 나라의 상을 그렸던 글을 보면 가슴 한 구석이 뻐근해진다.

권력의 집중을 피하고 분권적인 지방자치단체의 연합으로서 중앙정치의 기구를 구성하며, 경제 건설에 있어서는 재산의 사회성에 비추어 일체의 재산은 사회적 자유 평등의 원리에 모순이 없도록 민주적인 관리 운영의 합리화를 꾀하여야 한다. 그리고 교육은 물론 사회 전체의 부담으로 실시하여야 할 것이다.

그가 80년 전에 꿈꿨던 독립국가를 우리는 아직 이뤄 내지 못하고 있다. 또 일제 치하 독립운동가들 가운데 가장 큰 희생을 치렀지만 그를 기념하는 우당기념관은 국고가 아닌 사비로 조성되었고, 지금도 국고의 지원은 1년에 기백만 원에 그치고 있다. 그래도 우당은 자신의 선택을 후회하지 않을 것이다. 애초에 무언가를 바랐다면 그런 선택도 하지 않았을 것이니.

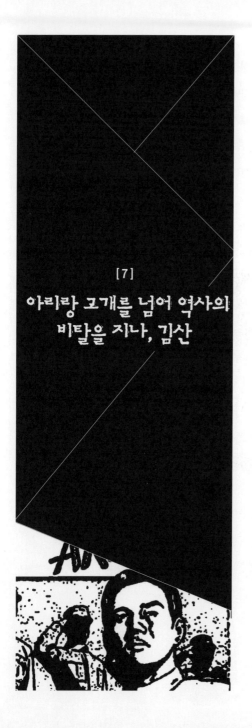

[7]
아리랑 고개를 넘어 역사의
비탈을 지나, 김산

"하늘이여! 이래도 됩니까?"

사마천이 《사기》를 쓸 때 여러 번 하늘을 우러러 하늘을 불렀다고 했다.

"하늘이여 이래도 됩니까? 하늘이여 이래도 됩니까?"

마땅히 벌을 받아야 할 자가 호의호식하다가 종생하고, 제한 몸 던져 만인을 이롭게 하려던 자들은 비참하게 죽어 가고, 하늘이 눈이 있고 귀가 있다면 차마 내버려두지 못할 일들이 버젓이, 그리고 지천으로 역사 속에서 벌어지고 있었기 때문이었다.

사마천 같은 훌륭한 역사가만이 그런 탄식을 할 수 있는 것은 아니다. 1938년 10월 19일 비참하게 죽음을 맞은 한 조선인, 김산(?~1938)의 생애만 들춰 봐도 어떻게 이런 삶을 산 사람이 이렇게 비참한 죽음을 맞이해야 했는가에 대한 원망스러움이 스멀거리며 돋아나기 때문이다. 김산은 역사의 미아가 될 뻔 했으나 미국의 여성 언론인 님 웨일스에게 자신의 인생 역정을 토로한 책 《아리랑》으로 기적적으로 짧으나 깊은 흔적을 역사에 남긴다. 그리고 그 대화를 나눈 지 1년 만에 역사 속에 생매장됐다. 김산, 본명 장지락은 중국 홍군에 의해 총살됐던 것이다. 그 정확한 기일은 누구도 모른다. 단지 중국 공산당 정보기관의 수장 강생康生이 그해 10월 19일자로 "트로츠키주의자, 일본 간첩으로 처형하라"는 명령을 내린 것이 확인될 뿐이다.

중국 대륙을 휘젓고 다니던 당찬 여성 언론인 님 웨일스는 동료이자 남편이 된 에드가 스노에게 "아시아의 황후가 되고 싶어 중국에 왔다"고 능칠 정도로 통이 컸다. 그녀는 중국 공산당이 대장정 후 도사리고 있던 연안의 도서관에서 영문으로 된 책을 유난히 많이 빌려 간 한 청년에게 주목한다. 그는 이름조차 낯선 나라 조선의 혁명가라고 했다. 훤칠한 키에 잘생긴 얼굴, 그리고 매번 빨려 들어가는 듯한 그의 인생 스토리의 바다에 웨일스는 풍덩 빠져들고 만다. 강만길 교수는 "님 웨일스의 글을 보면 분명 이성적으로 김산을 사랑했던 것 같다"고 했다. 그만큼 김산은 웨일스에게 강렬한 인상을 남겼다. 님 웨일스가 묘사하는 김산을 들어보자.

김산 그는 내가 7년 동안 동방에 있으면서 만났던 가장 매력 있는 사람 중의 하나였다. 그는 공포를 모르는 독립심과 완전한 마음의 평정을 가지고 있었던 것이다. 그의 견해는 명확했으며, 또한 그것은 이론과 경험 양쪽에서 주의 깊게 추론을 한 후에 나온 것이었다. 그는 추종자가 아니라 지도자로서 사물을 고찰하였다. …… 여기 이 사람은 중국과 조선의 현대사를 주조해 낸 저 수많은 대비극의 타오르는 불덩이 속에서 단련되고 형성된 사람이었다.

다른 나라 혁명가에 대한 건조한 기술을 넘어서서 경외와 선망 속에 한 남자를 바라보는 한 여자의 뜨거운 시선이 슬며시 느껴지지 않는가? 모자란다면 님 웨일스의 말을 조금 더 들어 보는 게 좋겠다.

김산은 우리 시대에서 가장 많은 피를 흘리고 가장 추악하고 가장 혼란스러운 대변동 속으로 내던져진 한 명의 민감한 지식인이자 마음 깊은 곳에서는 이상주의적인 시인이요 작가였다. 그는 아무런 환상도 갖고 있지 않았지만 그렇다고 냉소주의자도 아니었다. 그는 사물을 있는 그대로 인식했지만 또한 변화와 진보를 확신하였다. 고통과 패배는 그의 꿈을 없애 버리기는커녕 오히려 그의 사상이 한층 깊은 의미를 지니고 타오르도록 만들어 주었을 뿐이다.

이쯤되면 이 글을 써 내려가던 님 웨일스의 표정이 짐작이 간다.

사라진 조국, 길은 무장투쟁뿐

벽안의 미녀기자의 마음을 휘어잡은 멋스런 남자 김산은 러일전쟁이 한창일 무렵 대한제국 평안도에서 태어났다. 그가 걸음마를 배우기도 전에 대한제국은 외교권을 빼앗겼고, 다섯 살 때는 나라가 없어졌다. 기독교적 가치관을 지니고 자라났지만 3·1운동을 겪으면서 김산은 허공에 매인 십자가의 구원을 버린다. 똑똑히 목격한 제국주의의 만행에 맞서는 길은 무장투쟁뿐이었다. 일본, 상해, 만주, 연안, 광동성 광주 등 그의 발길은 산지사방에 닿았다. 그 거친 길을 회고하면서 김산은 한 노래를 자주 언급했다. 〈아리랑〉이었다.

조선에 민요가 하나 있다. 그것은 고통 받는 민중들의 뜨거

역사는 우연이라는 실로 필연이라는 걸작을 짜 낸다. 활달하고 용감했던 미국인 여기자와 중국 혁명에 뛰어든 식민지 조선 청년의 만남은 우연이었으나 그를 통해 불굴의 의지로 자신의 잃어버린 나라와 민중을 위해 싸우던 한 청년의 토로는 여기자의 펜끝을 통해서 세상에 남았다. 그녀가 아니었다면 과연 김산은 아니 장지락은 그 이름의 자음 하나 후세에 전할 수 있었을까.

운 가슴에서 우러나온 아름다운 옛 노래다. 심금을 울려 주는 아름다운 선율에는 슬픔이 담겨 있듯이, 이것도 슬픈 노래다. 조선이 그렇게 오랫동안 비극적이었듯이 이 노래도 비극적이기 때문이다.

이것이 김산의 첫 설명이었다. 님 웨일스는 거칠고 험악한 그의 인생 구비마다 〈아리랑〉이 아롱져 흐르고 있음을 금세 알 수 있었다.

"전투에서 패한 후 우리는 먹을 것을 찾아 헤매야 했지요. 가까스로 피운 모닥불 옆에서 우리는 아리랑을 부르며 울었소"

《아리랑》 초판본 표지다. 〈한국 혁명가 김산의 생애〉로 붙여진 이 책의 저자를 표기할 때 굳이 님 웨일스는 자신의 이름 앞에 김산을 내세우고 있다.

아리랑은 패배의 노래였다.

"날 잡아가는 일본 경찰에게 이렇게 얘기했었소. 이런 날 나오는 노래는 아리랑밖에 없다."

아리랑은 절망의 심연에 빠져들던 중 발가락 끝에 닿는 바닥 같은 노래였다. "인간으로서 견디기 어려운 육체적 고통과 심리상태에 대한 압력을 최악의 방법으로 실험 받았을 때" 불렀던 희망의 숨구멍 같은 노래가 바로 아리랑이었다.

그 노래는 김산만의 노래가 아니었을 것이다. 조선의 해방을 앞당기기 위해 남의 나라에서 무장봉기에 앞장섰다가 떼죽음을 당한 청년들, 조선은 해방되어야 한다는 믿음 하나로 풍찬노숙 천지사방을 쏘다니다가 폐병으로 쓰러져 죽고 마적 떼에게 토막 나 죽어 간 사람들, 폭탄 하나에 목숨을 걸고 총알 하나에 인생을 다퉈야 했던 그 허다한 청춘들의 노래였다. 《김산 평전》을 쓴 이규원은 "김산의 등 뒤에 선, 그러나 이름조차 남기지 못한 수많은 김산"이 있었다고 했다. 아리랑은 그들 모두의 노래였다. 님 웨일스는 김산만큼이나 그 노래에 깊은 인상을 받았고 그의 생애를 담은 책에 '아리랑'이라는 제목을 붙였다.

독립군 토벌이 애국이 되는 세상

이 책이 처음 출판된 것은 1941년의 일이었고 1946년 해방

공간에서 잡지 《신천지》에 그 일부가 전재된 적은 있으나 본격적으로 국내에 소개된 것은 무려 1984년의 일이었다. 그 이전 《아리랑》은 일본어로 번역돼 있었는데 고 리영희 교수는 이 책을 접했을 때의 인상을 이렇게 전하고 있다.

내 나이 30세. 6·25전쟁 7년간의 소모적인 군대 복역을 강요당하고 나와, 남들보다 뒤늦게 의식의 눈이 뜨이기 시작한 청년이 '어떻게 살 것인가'라는 질문의 해답을 찾아 헤매이던 때였다. '김산'의 삶이 바로 내가 찾고 있던 물음에 대한 답변이었다. 《아리랑》을 처음 읽었을 때의 충격과 감동은 30년의 세월이 지난 지금, 무슨 표현의 수단과 방법으로서도 다 그릴 수가 없다.

사상이 의심스러운 정도가 아니라 명백히 위험한 사상의 소유자였던 김산의 삶을 담은 책 《아리랑》은 말할 필요가 없는 금서가 되었고 명명백백한 '불온도서'가 되었다. 님 웨일스가 죽기 직전 "한국인들은 나한테 와서 아리랑의 의미를 묻는다"고 냉소했듯 우리는 우리 역사의 의미를 오랫동안 잃어버리고 살았고, 잊어버리도록 강제되어 살았다. 해방이란 일본의 패망에서 비롯된 부산물로만 생각할 뿐, 그 단어를 얼마나 많은 사람들이 목메어 기다리다 목이 찢어져 죽어 갔는가에 대해 진지하게 가르쳐 준 적도, 배운 적도 없었다.

그 결과로 우리는 오늘날 "간도특설대의 토벌 대상은 팔로군 소속의 조선군들이고, 한국전쟁 때 남한을 침공한 인민군이 되었으니 친일파가 아니라 대한민국에 공을 세운 것"이라는 해괴망측한 논리의 발호를 본다. 이쯤 되었는데 "하늘이여 이래도 됩니까"라는 소리가 나오지 않을 수 있겠는가. 대한민국을 위해 세운 공이 있다고 해도 과過가 지워지는 것은 아니며 분단된 조국의 반대편이 됐을망정 그들이 빛났던 역사를 어찌 지울 수 있겠는가.

우직한 사람들의 한걸음 한걸음이 역사를 바꾼다. 이는 틀림없다. 그러나 그 우직하고 올곧은 사람들의 육신이, 그들의 사력을 다해 돌리는 역사의 수레바퀴에 바스러지는 경우도 부지기수다. 그리고 수레 위에 앉은 이들이 우두망찰하게 그들의 존재조차 모른 채 바퀴를 재촉하는 것은 너무도 자연스런 일이 되어 버리기도 한다. 서른다섯 평생을 조선 해방과 혁명에 들이부었던 한 창창한 젊음은 끝내 아리랑 고개를 넘지 못하고 굴러 떨어졌다. 그러나 그 순간까지도 김산은 절망하지 않았을 것이다. 김산의 말이다.

오류란 피할 수 없는 것이다. 오류란 심지어 진리를 드러내는 데 유익하기도 하다. 나는 오류를 범하고 있었는지도 모른다. 어쩌면 옳은 것과 그른 것이란 존재하지 않는지도 모른다. 아마도 존재하는 모든 것은 옳은 것이 아닐까. 왜 회의나 걱정 따위로 자신을 괴롭혀야만 하는가. 세상에는 자기에게 괴로움을 주는 적이 너무나 많지 않은가. 어차피 인생은 생명을 내놓고 있지 않으면 안 된다. 목숨을 잃을까 두려워해서는 안 된다. 다른 사람들이 목숨을 잃는 것에 대해서도 너무 애태워서는 안 된다. 역사는 언제나 자기 나름의 방식으로 승리를 얻는다.

역사는 그를 버렸으나 그는 역사를 포기하지 않았다.

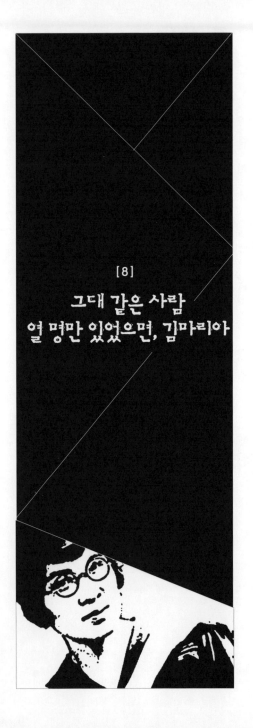

[8]
그대 같은 사람
열 명만 있었으면, 김마리아

'2·8독립선언' 품고 온 여인

1919년 3·1항쟁이 터지기 전부터 조짐은 풍부했다. 그 가운데 우뚝 선 봉우리라면 역시 2·8독립선언일 것이다. 일종의 '적의 심장부'라 할 일본 도쿄에서 조선 유학생들이 모여 독립선언문을 작성하고 '조선독립만세'를 부르짖었으니 일본 제국주의로서는 한 방 뒤통수를 세게 얻어맞은 꼴이었다.

도쿄에서는 드물게 함박눈이 내리던 1919년 2월 8일. 조선인 유학생들은 독립만세를 외치다가 일본 경찰에 두들겨 맞으며 연행됐다. 독립선언서에 서명한 조선청년독립단 대표는 11명. 모두 남자였다. 이 사실에 입술을 깨물던 여자 유학생이 있었다. 조선 여자 유학생 친목회장이기도 했던 김마리아(1891~1944)였다. 일본 유학생 자체가 조선 전체에서 기백 명이던 시대 일본 유학에 나선 여학생은 더욱 드물었다. 1915년 《매일신보》에 따르면 30명 정도의 여자 유학생이 있다고 했으니 1919년에도 인원 수로는 큰 차이가 없었을 것이다.

김마리아는 황해도 장연 사람이다. 황해도 장연은 조선에서 서양 문물과 가장 먼저 접촉한 지역일 것이다. 1832년 영국 선박 로드 암허스트 호에 탄 귀츨라프 목사가 상륙하여 대략 한 달 동안 머물며 선교를 편 적이 있었고 제너럴셔먼 호를 탔던 토머스 목사도 장연에서 성경을 배포하며 선교한 적이 있었으니까 말이다. 그래서인지 장연은 기독교세가 강했고 일제강점기 초반 이는 그대로 반일反日의 기운과 연결됐다.

김마리아의 가문 역시 독립운동의 명가라 할 만했다. 숙부 김필순은 도산 안창호와 절친으로 독립운동가들과 두루 교유하던 사람이었고 그 영향으로 정신여학교 재학 시절 김마리아는 항일의식을 뚜렷하게 드러내는 글을 짓는 등 될성부른 떡잎으로 성장하고 있었다. 일찍이 기독교인이 됐던 부모처럼 독실한 기독교인으로 자란 그녀는 애굽에서 히브리인들을 이끈 모세와 같은 지도자가 나와 일본의 압제를 물리치고 자주독립을 이루기를 늘 기도했다고 한다.

2·8독립선언에 참여해 연행됐으나 곧 풀려난 김마리아는 이광수가 쓴 2·8독립선언문을 옷 속에 감추어 꿰맨 채로 국내로 들어온다. 김마리아는 박희도, 송진우, 김성수 등 교육계와 종교계 인사들을 두루 만나 거족적 독립운동의 필요성을 강조했는데 3·1운동 천도교 대표 중 1인이며 후일 독립선언문의 인쇄를 맡는 보성사 사장 이종일은 그녀를 이렇게 기억한다.

김마리아가 천도교 본부 및 보성사를 찾아와 도쿄 한국인 남녀학생의 구국열의 근황을 술회하고, 김마리아는 본국에서도 거국적인 운동을 향할 것을 힘써 권하였다. 나는 김마리아에게 우리들도 이미 계획 실천 중이며 또 지난 1914년 (갑인년) 이래 민중이 함께 일어나 일제의 질곡을 벗어나려고 암암리에 모색하여 왔다고 하니 김마리아는 천도교의 원대한 이념을 격려하며 기뻐하였다.

여기서 잠깐 천도교와 기독교의 관계에 대해 생각해 보자. 천도교의 전신인 동학東學이 서학西學에 반발하여 내건 이름이라는 것은 주지의 사실이다. 이름부터 서학의 대척점에 서고자 했으니 기독교와 천도교는 애초부터 화목할 수 없는 처지였다. 갑오농민전쟁을 앞두고서는 서울 곳곳의 교회당과 기독교 계열 학교에 동학교도들의 협박 벽보가 나붙기도 했다. 그러나 갑오년의 대대적인 봉기가 참담한 패배로 돌아간 후 동학과 기독교의 관계는 새로운 국면을 맞기 시작했다.

패주한 동학농민군은 생존을 위해 안전한 피신처를 찾았다. 가장 확실한 것이 바로 서양교회, 기독교의 두 계통인 천주교天主教(舊教)와 야소교耶蘇教(新教)였다. …… 황해도 신천의 동학 접주 방기창은 평양의 장로교 선교사 마펫S. A. Moffett과의 만남과 신앙생활 지침을 담은 한문 전도문서 〈덕혜입문德慧入門(The Gate of Wisdom and Virtue)〉을 통해 기독교를 수용했는데, 1907년 장로교 최초의 목사 7인 중의 한 사람이었다.

경상도에서 창립되고 전라도에서 혁명적 봉기를 일으킨 동학은 정부의 대대적 탄압을 받자 활동 지역을 북부 지방으로 옮겼다. 3대 교주 손병희가 동학의 정치 조직으로 1904년 진보회進步會를 결성했을 때 전국 11만여 명의 회원 중 평안도 지방에 절반이 넘는 7만여 명이 포진하여 평안도는 동학의 새로운 중심지로 되었다(《기독교 사상》 2014. 3).

서북 지역의 기독교 세력이 강성했던 것은 일반적으로 알려져 있으나 천도교세 또한 만만치 않았던 것이다. 3·1독립선언 당시 민족대표 33인은 대개 서울과 평안도의 천도교인들, 평안도의 개신교 장로교인, 서울의 감리교인들이었다. 서

2·8 독립선언 후 귀국하게 된 김마리아는 뜻밖의 차림으로 귀국선을 탄다. 놀랍게도 그녀는 기모노를 입고 있었다. 유학 시절에도 거들떠본 적 없는 기모노를 몸에 걸친 이유는 따로 있었다. 그 허리띠 속에 미농지로 싼 2·8독립선언서 10장을 감추었던 것이다. 2·8독립선언을 쓴 이광수와 3·1독립선언문을 쓴 최남선이 죄다 일제에 머리를 조아릴 때에도 그녀는 끝까지 꼿꼿했다.

울을 제외하면 평안도 등 서북 지역에서 가장 빨리, 그리고 왕성하게 만세운동이 일어났던 것도 무리가 아니었다. 적어도 당시의 기독교인들은 스님들에게 지옥 간다고 아우성치고 단군상 목이나 자르고 다니는 오늘날의 '개독교'인들과는 질적으로 다른 사람들이었다. 김마리아 역시 그랬던 것이다.

"조선 여자는 조선 사회에 적합하고 유용하도록 하며, 조선 사회에 헌신할 만하게 가르침이외다"라고 얘기했던 그녀는 조선 여성들이 남성들에 뒤처지지 않게 독립운동에 참여해야 한다고 믿었고 그대로 실천했다. 고향인 황해도와 평안도 일대를 돌아다니며 독립운동의 기운을 불어 넣던 그녀는 3·1운동이 터지자 곧바로 서울로 올라왔고 역시 곧바로 체포됐다.

지운 김철수는 논어에 나오는 글귀인 '서호恕乎'를 벽에 걸어 두고 평생 되뇌었다고 한다. 사랑했지만 이어질 수 없었던, 사랑을 넘어 존경했던 여성 김마리아를 비롯하여 치열하게 그러나 슬프게 사라져 간 많은 이들을 기억하며.

그녀는 상상할 수 없는 고문을 받는다.

"물과 고춧가루를 코에 넣고 가마에 말아서 때리고 머리를 못 쓰게 해야 이런 운동을 안 한다고 시멘트 바닥에 구둣발로 머리를 차고……(김마리아 자신의 회고)."

그러나 김마리아는 굴복하지 않았다.

"너희들 할 대로 해라. 그런들 나라 사랑하는 생명만은 빼앗지 못하리라."

옥고·고문에도 굴하지 않고

6개월 동안 온갖 악형을 당한 후 석방된 뒤 그녀는 몸도 추스르지 않은 채 모교 교단에 선다. 일종의 위장이었다. 학교 교사를 한다는 것을 방패막이로 그녀는 애국부인회를 조직해 만세운동을 지속적으로 주도했고 그러다가 1919년을 넘기지 못하고 또 체포된다. 김마리아는 또 한번 횡액을 치렀다. 일본 검사의 기록이다.

김마리아는 여자로서 대학교까지 졸업하고 인격과 재질이 비범한 천재를 가졌음으로 그 대담한 태도와 거만한 모양은 이루 말할 수 없는 중, 더욱 가증한 것은 오연히 '나는 일본의 연호는 모르는 사람'이라 하면서 서력 일천구백 몇 년이라고 하는 것을 보면 그의 눈에 일본제국이라는 것은 없고 일본의 신민이 아닌 비국민적 태도를 가진 것이다.

호랑이를 능가하는 권세를 지닌 일본 검사 앞에서 한치도
물러서지 않는 그녀를 보면서 일본 검사는 탄복을 하고 만다.

"너는 영웅이다. 너를 낳은 어머니는 더한 영웅이다."

이후 1921년 조선을 탈출하여 상해로 건너간 그녀는 거기서
임시정부 활동을 돕다가 1923년 미국으로 건너가 파크 대학
을 졸업한 후 시카고 대학에서 석사 학위를 받는 등 못다한
공부에 매진한다. 그녀에게 있어 공부란 또 하나의 실천이요
조선의 아쉬움을 깨닫는 일이요, 그 부족함을 공유하고 함께
채우고자 하는 열망이었다. 1933년 13년 만에 돌아온 그는
귀국 환영회에서 이렇게 말한다.

제가 구미에서 십 년 간 배우고 경험한 중에서 얻은 것은
첫째 아는 것 없는 나라는 것을 다시금 알게 된 것, 둘째로
는 국가나 사회 개인을 객관적으로 볼 줄 알게 된 것, 셋째
로는 남의 당하는 일을 내가 당하는 것과 같이 동정할 줄
알게 된 것 등입니다(《동아일보》 1932. 9. 8).

김마리아가 국내로 들어오는 것은 결코 쉬운 일이 아니었

다. 일제는 경성에 들어오지 말 것, 그리고 신학만 가르칠 것을 조건으로 귀국을 허가했던 것이다. 그녀가 터를 잡은 곳은 원산의 마르타 신학교였다. 그녀의 귀국에 즈음하여 이광수는 이런 시를 써서 그녀를 찬미했다.

누이야 네 가슴에 타오르는 그 사랑을
뉘게다 주랴 하오?
네 앞에 손 내민 조선을 안아 주오
안아 주오!
누이야 꽃 같이 곱고 힘 있고 깨끗한 몸을
뉘게다 주랴 하오?
뉘게다 주랴 하오?
네 앞에 팔 벌린 조선에 안기시오
안기시오!
누이야 청춘도 가고 사랑도 생명도 다 가는 인생이요
아니 가는 것은 영원한 조선이니
당신의 청춘과 사랑과 생명을 바치시오, 조선에!

"그녀 같은 사람 열 명이면 조선은 독립"

자신은 청춘과 사랑과 생명을 조선 아닌 엉뚱한 놈한테 바칠 태세를 갖춰 가고 있던 춘원 이광수의 영탄이 좀 어이없기도

하다. 도산 안창호가 "그녀 같은 사람 열 명만 있어도 조선은 독립됐다"고 하던 김마리아는 조선으로 돌아왔다.

그러나 가시밭길은 여전히 계속됐다. 그녀가 조선에 돌아온 뒤 보낸 10년은 일제의 광기가 극으로 치닫던 시절이었다. 일제가 만주사변을 일으킨 뒤였고 중일전쟁을 일으켰고 급기야 미국의 진주만을 공습했다. 그 와중에 아예 조선 민족을 없애버리겠다는 듯 민족말살정책은 극에 달해 조선인들에게 자신들의 신사에 참배할 것을 강요했다.

3·1운동의 주역이었던 기독교 지도자들도 대부분 손뼉 치고 고개 숙이는 신사의식을 치렀고 과거 그의 동료들은 학병에 나가 대동아성전에 몸을 바치라고 악을 써 대고 있었다. 김마리아는 기독교인으로서, 또 조선 사람으로서 끝까지 신사참배에 반대하다가 1944년 3월 13일 물고문 도중 이물질이 들어간 코에 생긴 질병과 고문 후유증으로 세상을 떠났다. '화장하여 대동강에 뿌려 달라' 는 유언과 수저 한 벌이 그녀가 남긴 전부였을 만큼 세상에는 아무것도 남기지 않았다. 쉰두 살 독신이었다. 종교적 신앙과 독립의 열망을 평생 간직한 그녀의 일생에서 눈을 떼 오늘날 "국사교과서에 기독교의 분량이 적다"고 떼를 쓰는 개신교인들에게로 눈길이 가면 그눈초리가 어쩔 수 없이 표독해진다. 과연 김마리아는 "일본에 쌀을 수출한 것이지 수탈한 것이 아니다"라는 교과서에 자신을 포함한 기독교인들이 그득하게 실린들 그것을 기뻐할까?

김마리아를 사모한 김철수

그녀는 평생을 독신으로 살았다. 몇 번 청혼도 받았고 서로 마음이 끌린 사람도 있었다고 한다. 그중 기억할 만한 사람은 한국 사회주의운동사에서 빼놓을 수 없는 지운芝雲 김철수(1893~1986)다. 김철수는 조선공산당의 핵심멤버였으며 해방 후에는 박헌영과 갈라서서 여운형과 함께했지만 여운형이 암살되자 모든 것을 버리고 낙향하여 여생을 보낸 인물이다. 그는 김마리아를 몹시 사모했고 주위에서도 그 두 사람을 맺어 주려고 애를 썼으나 김철수는 고향에 조강지처가 있음을 들어 거부했다. 이때는 고향에 부인이 있을지라도 이른바 신여성과 교제하는 일이 비일비재하던 시기였다. 하지만 꼭 그 사연 때문만은 아닐 수 있다. 김철수는 죽기 얼마 전의 면담에서 김마리아가 당했던 입에 담기조차 힘든 성고문에 대해 밝힌 바 있다. 어쩌면 김마리아는 결혼할 수 없는 치명적인 상처를 가지고 살았을지도 모른다.

김철수는 벽에 두 명의 사진을 걸고 '용서하라'는 뜻의 '서호恕乎' 자를 써붙여 놓고 보면서 말년을 보냈다고 한다. 한 명은 일생을 무장독립투쟁에 바치다가 옥사한 일송 김동삼, 그리고 또 한 장의 사진은 김마리아였다. 배신과 변절, 복수와 살인의 추악한 파노라마가 펼쳐진 한국 현대사 수십 년을, 김철수는 이루지 못한 사랑 김마리아를 바라보며 하룻밤처럼 흘려보냈다. 누군가를 평생 사랑했지만 이루려고 하지 않았고, 또한 잊지도 않았으며, 그로 인해 끊임없이 자극받았던 김철수, 그리고 그가 평생 지켜본 김마리아. 김마리아는 죽어서나 행복했을 것 같다. 1944년 3월 13일 해방을 한 해 앞두고 김마리아는 죽었다.

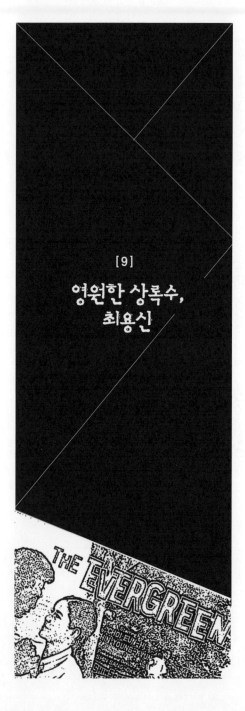

[9]

영원한 상록수,
최용신

샘골마을 젊은 여선생

"선생님, 선생님과 영원한 이별을 짓는 이 자리에 이 슬픈 마음을 누를 바 없어 눈물로 이 글을 선생님 영전에 바쳐 고별을 지으려 하는 어린 것들의 심장이 터지려 하나이다."

1935년, 샘골마을에서 열린 장례식에서 추도사를 읽던 아이는 울음이 북받쳐 제대로 끝맺지도 못했다. 빡빡머리 아니면 상고머리 아이들의 새까만 얼굴은 눈물로 범벅이 됐고 뒤에 서 있던 어른들도 마찬가지였다. 아이들의 부모들은 물론 수염 허연 할아버지들도 하늘을 바라보며 눈물을 훔쳤다. 샘골마을은 현재의 경기도 안산시 본오3동으로 아파트가 빽빽한 신도시의 일부가 되어 버렸지만 당시만 해도 교육과 문화 혜택이 전무한 오지였다. 그런 마을 사람들이 전부 장례식에 총출동한 듯 했다. 조문객은 1,000여 명, 근자에 보기 드문 성대한 장례식의 주인공은 최용신이라는 나이 스물여섯의 처녀였다.

최용신(1909~1935)은 함경남도 원산 부근의 덕원에서 태어났다. 어려서 천연두를 앓아 마마 자국이 선연했던 그녀는 학교를 졸업한 뒤 "조선이 살려면 농촌이 살아야 한다"는 믿음으로 생판 찾아 와 본 적도 없고 연고도 없는 경기도 안산으로 스며들었다. 당시의 농촌은 새파랗게 젊은 여자가 찾아 와서 애들을 가르치느니 뭘 해 보자느니 하는 모습에 그리 관대한 분위기가 아니었다. 냉대와 오해가 잇달았지만 최용신은 끈덕지게 아이들을 불러모았고 그들을 성심으로 가르쳤다. 2008년 구술된 최용신의 옛 제자 이덕선의 말을 들어 보자.

나는 여덟 살 때까지 변화 없는 생활을 했어. '사람 사는 게 다 이런 것이다' 생각했지. 1931년 11월 아버지 손에 이끌려 샘골 예배당 강습소를 찾게 됐지. 지금도 그 길이 눈에 선해. 최용신 선생님을 만나고 새 세상이 열렸어. 신식 공부를 했어. 노래, 체조, 동화 듣기⋯⋯. 선생님은 언제나 이 말씀을 하셨어. "너희들은 우리나라의 보배다. 열심히 배우고 노력하면 큰 일꾼이 될 수 있다." 어느 날 5리 정도 떨어진 우리 집에 선생님이 방문하셨어. 지금도 그날을 잊을 수가 없어. 초가삼간 흙마당에서 어머니 손을 꼭 잡으시고 선생님은 이렇게 말씀하셨어. "어머니 이 아이는 자라서 크게 됩니다. 지금은 힘들더라도 참고 이겨 내시고 자랑으로 키우십시오." 곁에 있던 내게 살아생전 처음으로 열심히 살고 싶다는 소망이 생겼어.

최용신은 그렇게 많은 이들에게 새 세상을 열어 준 사람이었다. 그녀가 죽은 후 샘골을 방문한 교사이자 신학자 김교신은 자주 눈물을 보이고 말을 잇지 못하는 노인과 대화하면서 최용신이 얼마나 큰 자취를 남기고 갔는지를 깨닫는다. 김교신이 읽은 그녀의 노트에는 이런 글이 적혀 있었다.

"이 몸은 남을 위하여 형제를 위하여 일하겠나이다. 일하여도 의를 위하여 일하옵고 죽어도 다른 사람을 위하여 죽게 하옵소서."

"이 몸 죽어도 형제를 위하여"

그녀의 활약은 눈이 부시다기보다는 눈을 뜨겁게 한다. '도시처자가 시골에 와서 뭘 안다고 깝치냐'는 흰 눈들 앞에서 논에 들어가 모를 심고 김을 맸으며 한글강습소를 세우고 아이들부터 어른들까지 가르쳤으며 산수, 수예, 노래 등 그녀가 할 수 있는 모든 것을 샘골 사람들에게 전해 주었다. 후일 그녀의 든든한 후원자가 됐고 그녀의 장례를 도맡아 치렀던 염석주의 회고는 그녀의 샘골 정착이 얼마나 고달팠을지를 짐작케 한다.

얼굴이 얽은 신여성 하나가 부인 몇 사람과 같이 찾아 와서 자기는 지금 샘골에 있으면서 이 지방을 위하여 작은 힘이나 바쳐보고자 하니 부디 잘 지도 협력해 달라고 하였습니다. 나는 사회의 풍파를 많이 겪어 쓴맛 단맛을 다 맛보아서 무엇을 한다는 사람들에게 아주 실망한 참인데 더구나 세상을 모르는 젊은 여자 하나쯤에게 무슨 큰 기대를 가질 수가 있겠어요? 날고 기는 놈들도 농촌에 와서 실적을 못 내는 이 시절에 너 같은 계집애가 무엇을 해보겠다고 그러느냐 하는 경멸을 던졌었어요.

그녀가 가르치고자 한 것은 또 있었다. 세상에 태어나마자 사라져 버린 그녀와 샘골 사람들의 옛 나라였다. 태극기를 희미하게 그려두고 수업을 하다가 곤욕을 치른 적이 있다고 하니 가히 그녀는 민족과 잃어버린 조국에 대한 생각까지도 심으려고 노력했던 것으로 보인다.

한때 강습소 학생이 110여 명에 이르자 강습소가 잘되는

최용신을 모델로 하여 심훈이 쓴 소설《상록수》는 이후 대한민국 청춘들의 필독서로 우뚝서게 된다. 영화배우 생활도 했던 심훈은 이를 영화화하기 위해 노력했지만 장티푸스로 급서하면서 뜻을 이루지 못했고 1961년 신상옥 감독에 의해 영화화된다. 최은희·신영균 주연의 이 영화가 개봉된 뒤 김학준이 영화 속 주인공 채영신의 애인 박동혁이 자신임을 밝혀 화제를 모으기도 했다.

꼴을 눈엣가시처럼 여기던 일제 당국이 개입해 학생 수를 60명으로 제한한다. 그러자 최용신은 여기서 탈락한 아이들을 따로 꾸려 밤에 가르쳤다. 그랬더니 이번에는 YWCA의 지원이 끊겼다. 최용신은 강습소 경비를 대기 위해 동분서주해야 했다. 이 막대한 과로와 스트레스 끝에 그녀는 재충전과 못다한 공부를 위해 고베신학교에 입학했지만 이미 그녀의 몸은 망가질 대로 망가져 있었다. 귀국해서 고향으로 정양을 가보려고 했지만 마을 사람들이 "누워만 계셔도 좋다"고 사정하는 통에 다시 샘골로 향했다. 그러나 장협착증이라는 치명적 질병에 걸려 세상을 달리하고 만다.

그녀는 죽어 가면서도 샘골강습소에 대한 걱정을 놓지 않

마마를 앓은 자국이 선명했던 고집 센 인상의 최용신. 그녀는 우리 역사에 영원히 푸르른 솔잎으로 남는다. 그녀의 약혼자를 비롯하여 수많은 사람들의 인생을 바꾸고 표표히 먼저 떠나고 말았던 사람. 그의 제자 이덕신은 이렇게 그의 삶을 압축한다. "자애로우시고 엄격하셨으며 ……." 그리고 가장 핵심적인 한 마디. "늘 앞서나가는 분이셨습니다."

았다.

"나는 갈지라도 사랑하는 강습소는 영원히 경영하여 주시오. 샘골 여러 형제를 두고 어찌 가나. 애처로운 우리 학생들의 진로는 어찌 하나 ……."

자신에 대한 아쉬움은 하나도 없었다. 그녀의 유언에는 뭘 못해 봤다거나 뭘 얻지 못했다거나 하는 스물여섯 처녀의 안타까움은 들어 있지 않았다. 그녀는 "네 이웃을 네 몸과 같이 사랑하라"는 계명을 몸과 마음을 다 바쳐 실행에 옮긴 진실한 기독교인이었고, 아이들을 자기 목숨만큼이나 사랑하고 이 아이들을 가르치고 깨우치는 것을 사명으로 삼았던 망해 버린 나라의 애국자였다.

독립운동사에서 개신교 비중이 적다는 불평이 끊이지 않고 나온다. "천주교와 동학은 2쪽에 걸쳐 소개된다. 그러나 기독교는 많아야 8줄, 적으면 2줄이 전부다. 분량을 20~30페이지로 늘려 달라는 것도 아니다. 적어도 천주교와 분량은 비슷하게 해 줘야 하는 것 아닌가"라고 한 서울신학대학교 박명수 교수(《뉴스앤조이》 2015. 10. 21)의 발언도 그런 맥락이겠다. 기실 일제강점기 독립운동사에서 개신교인들의 활약은 눈부시다. 수천 년 역사를 지닌 유교의 선비들이 수염만 쓰다듬고 있을 동안 그들은 출애굽을 열망하는 유대인들의 기세로 일본제국주의에 달려들었다. 하지만 그 빛나는 과거에 비추어 오늘날 일부 개신교인들의 옹색함은 안쓰러울 정도다. 적어도 최용신은 오늘날같이 물욕에 물들고 목사의 절대적 권위에 짓눌린 한국 주류 기독교와는 거리가 먼 사람이었다.

그녀가 협성신학교에 다니던 시절 교장은 선교사 케이블. 그는 기도 시간에 늦게 들어오는 학생들을 감시하려고 눈을 뜨고 기도하다가 한 학생의 항의를 받는다. 여기에 답하던 중 케이블은 결정적인 실수를 저지른다. "누가 늦게 들어오는가를 보려던 것뿐이다. 왜 조선 사람들은 자기 책임은 생각하지 않고 남 탓만 하는 저급한 민족성을 가졌는가"라며 되레 화를 낸 것이다. 선교 경력이 오랜데다 학교 교장이라는 권위까지 휘둘렀음에도 나이 스물의 독실한 개신교인 최용신은 스트라이크를 주동했다. 이로 인해 그녀는 중징계를 받았고 끝내 협성신학교에서 학업을 이어 가지 못한다. 그녀는 그런 기독교인이었다. "옳은 일에는 굽힐 줄 몰랐고 한번 옳다고 생각하면 무슨 일이 있어도 제 생각대로 했던" 참다운 '예수쟁이'였다.

귀한 인연 잊지 않은 약혼자

그런 그녀에게는 약혼자가 있었다. 고향에서부터 정혼한 사이였고 열여섯에 약혼을 한 후 10년 동안 가난하고 약한 사람들을 돕는 일을 한 후 결혼하기로 한다. 최용신은 마마 자국이 심한 편이었고 미인도 아니었지만 두 살 연하의 약혼자 김학준은 그 사람됨에 반해 끈질긴 구애를 했다고 전한다. 하지만 그 10년을 몇 달 남기고 청천벽력 같은 약혼자의 죽음에 접한 김학준은 하늘이 무너지듯 슬퍼했다. 장례식 때 시신을 끌어안고 놓아 주려 들지 않아 마을 사람들이 애를 먹었다고 할 만큼. 후일 최용신의 묘를 이장할 때 관 위에는 김학준의 코트가 덮여 있었다고 한다. 이미 옷감은 거의 삭아 단추 정도만이 남아 있었지만.

김학준은 이후 가정을 꾸리고 살다가 1975년 세상을 떴다. 김학준은 세상을 뜨면서 자신을 옛 약혼자 최용신 곁에 묻어 달라는 유언을 남긴다. 오죽하면 그랬을까 싶기도 하지만 그 부인에게는 무척이나 섭섭한 일이었을 것이다. 하지만 남편의 심경을 넉넉히 알았던 아내는 그 소원을 들어 주었다. 그래서 오늘날 최용신은 옛 약혼자 김학준과 함께 나란히 누워 한때 그녀의 젊음이 태양처럼 빛났던 곳을 굽어보고 있다. 정말로 한심하고 입에 담기조차 불쾌한 인간들도 역사의 흐름 속에 허다하게 흩뿌려져 있지만 동시에 쳐다보기조차 어려울 만큼 깨끗하고 눈부신 사람들도 그에 못지 않게 많았다. 최용신은 그런 사람들 가운데에서도 크고 밝은 별이었다.

최용신

반월성 황무한 골짜기로 따뜻한 햇볕은 찾아오네
우리의 강습소는 조선의 빛 우리의 강습소는 조선의 빛

오늘은 이 땅에 씨 뿌리고 내일은 이 땅에 향내 뻗쳐
우리의 강습소는 조선의 싹 우리의 강습소는 조선의 싹

황해의 깊은 물 다 마르고 백두산 철봉이 무너져도
우리의 강습소는 영원무궁 우리의 강습소는 영원무궁

– 샘골 강습소 교가(최용신 작사)

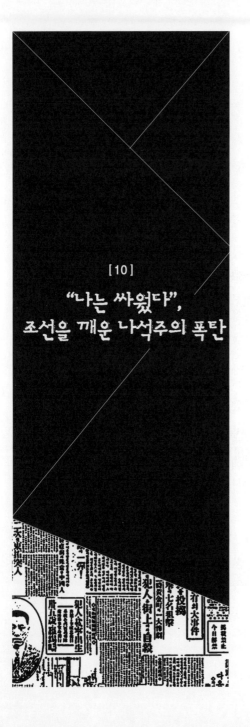

[10]

"나는 싸웠다",
조선을 깨운 나석주의 폭탄

수탈 첨병 '좌동척 우식산'

1926년 12월 28일 부리부리한 눈매에 다부진 어깨의 청년 하나가 지금의 롯데백화점 자리에 있던 식산은행을 찾아들었다. 식산은행은 조선총독부의 산업정책을 금융적 측면에서 지탱해 준 기관으로 1920년 이후 시작된 산미증식계획의 자금을 담당했던 은행이다. 식산은행을 찾기 전 청년은 식산은행과 더불어 조선에 대한 경제적 착취의 첨병이던 동양척식주식회사도 둘러본 터였다. 청년은 "좌동척 우식산"이라 불린 일제 식민 통치기관에 볼 일이 있었다.

청년의 이름은 나석주(1892~1926). 1892년생이니 나이 열세 살에 을사늑약이 맺어졌고 열여덟에 나라는 망했다. 십대에 망국의 쓰라림을 체험한 이 황해도 청년은 한탄만 하고 술이나 푸며 세상을 지내기에는 너무 피가 뜨거웠고 "못하는 운동이 없을 만큼" 몸도 비상하게 날랬다. 김구가 한때 교편을 잡았던 양산학교(황해도 안악 소재) 등에서 공부하면서 항일의식을 키우던 청년은 1913년 북간도로 망명하여 신흥무관학교를 졸업한다. 하지만 어머니의 위독함을 전해 들은 그는 일시 귀국하여 미곡상을 차리고 생업에 종사하지만 그의 본능은 여전히 조선 독립의 열정으로 쏠리고 있었다.

한국사를 지켜라 ❶
독립운동가로 산다는 것

3·1항쟁에 참여하여 옥고를 치른 뒤 그는 본격적인 항쟁에 나선다. 동네 부호들에게 군자금을 얻어 임시정부에 보냈고 급기야 선한 이웃을 괴롭히던 주재소 순경과 면장을 죽이고 악질 친일파였던 은율 군수 등도 처단했다. 후일 나석주를 담당했던 황해도 경찰관에 따르면 "1921년 황해도에서 일어났던 사건의 대부분에 나석주의 이름이 걸려 있고 동원된 경찰 수만 해도 만여 명이 넘을 것"(《동아일보》 1927. 1. 13)이라고 했다. 일본 경찰의 끈질긴 수사망에 걸려 동지들이 하나 둘 쓰러져 갔지만 나석주는 끝까지 살아남았고 1921년 10월 다시 중국으로 망명하는 데 성공한다.

그렇게 6년이 흘렀다. 양산학교 시절 은사 김구의 추천으로 임시정부 경무국 경호원으로도 활동했고, 중국군 장교 노릇도 해 봤지만 황해도 일대를 휩쓸며 경찰 수천 명을 전전긍긍하게 했던 호걸로서는 답답도 했을 것이다. 그에게 길을 제시한 것은 역시 나석주를 "제자이자 동지"로 대하던 김구와 심산 김창숙이었다. 김구와 김창숙은 점차 약화돼 가는 항일투쟁 분위기를 반전시킬 만한 거사를 도모하기로 했고 김구는 나석주를 추천한다. 김창숙의 말이다.

민족의 고혈을 빨고 있는 조선식산은행과 동양척식주식회사가 동지의 손에 폭파되는 날 일본은 간담이 내려앉아 더 이상 우리 민족을 착취하지 못할 것이오(《신동아》 2008.4).

식산은행과 동척. 나석주로서도 그 두 기관에는 유감이 많았다. 그의 집안이 오래도록 자기 땅처럼 경작해 온 궁장토, 즉 조선 왕실의 땅이 동척의 소유로 넘어가 그들의 횡포에 땅을 잃었던 것이다. 그런 횡액을 당한 것은 나석주만이 아니었다.

1922년 나석주의 고향 황해도 재령군의 북률농장에서 이몽서를 주동으로 한 소작인들의 생존권 투쟁이 일어났다. 북률면 나무리들은 원래 조선 왕조의 소유로 소작료는 1/4~1/3 수준이었다. 그러나 1908년 재실 및 국유재산 정리로 대부분의 궁장토가 역둔토로 편입되면서 소작료가 4~4.5할로 오르고 소작기간은 5년간으로 되었다. 동척은 북률면에서만 역둔토 2,300정보를 점탈하였다. 1924년 11월 2일부터 4일간 동척 사리원지점에서 농민들은 흉작이 계속되어 먹을 것이 동이 나자 소작료 감면을 요구하는 투쟁을 벌였는데, 동척에서 이를 무시하고 일본인 이민자 40여 명에게 총을 주어 유혈사태까지 일어났다.

소작농민들의 투쟁이 계속되자 아예 동척은 소작권을 빼앗고 일본 이주농민에게 땅을 분배할 계획을 세웠는데, 이에 농민들이 더욱 격렬히 투쟁해 일시적인 타협이 이루어졌다. 그러나 미납소작료 문제가 다시 불거져 교섭은 결렬되었고, 엽총을 쏘며 강제집행에 들어감으로써 북률의 농민투쟁은 실패로 돌아갔으며 대표자 5인은 6~8개월의 실형을 살고, 더 이상 살 수 없게 된 370여 호의 소작인들은 살 길을 찾아 만주로 떠나게 되었다(《세종뉴스》 2014. 12. 28).

나석주는 당연히 이 소식을 듣고 치를 떨었을 것이다.

식산은행에 폭탄을 날리다

나석주는 김구의 제안에 쾌히 응하고 1926년 12월 26일 폭탄과 권총을 숨긴 채 중국인 복장을 하고 인천항을 통해 귀국한다. 고향에 들러 처자도 만나보고 싶었을 것이다. 일찍 장가

나석주 의거를 보도한 1927년 3월 15일자 《동아일보》 호외. 일제의 보도 통제로 인해 나석주의 거사는 뒤늦게야 식민지 조선을 울렸다. 나석주의 시신을 인수하러 간 아들 나응섭조차 구금됐다가 겨우 풀려나 아버지를 땅에 묻었으나 제대로 된 장례를 치르지 못하고 봉분도 없는 평토장으로 족해야 했다.

를 가서 열일곱에 아들을 본 터라 그 아들도 이미 십대 중반의 청소년이 되어 있었다. 한때 동지였던 지인에게 보낸 편지에서 "우형愚兄(나석주 본인)은 고향 떠난 지 6년에 공연히 동서분주하면서 아무 성공 없이 지내 왔으니 제1은 민족에 대한 죄인이요, 제2는 가족에 대한 죄인인 것을 인정하지만 사회 환경이 불허하는 데야 어찌하오"라고 했던 만큼 가족에 대한 미안함 또한 사무쳐 있었을 것이다. 하지만 그는 모질게 마음을 먹고 서울로 스며든다.

12월 28일 오후 2시경 식산은행에 나타난 그는 마침내 그 오랜 세월의 기다림이 뭉쳐진 폭탄을 던진다. 그러나 안타깝게도 폭탄은 불발이었다. 은행 직원들은 중국인 차림의 이상

의거

직전 나석주는 《조선일보》에 편지를 보냈다. 이는 의거 21년 후에야 세상에 공개된다.

조선일보사 귀중.

계자啓者 본인은 우리 2천만 민족의 생존권을 찾아 자유와 행복을 천추만대에 누리기 위하여 의열남아가 희생적으로 단결한 의열단의 일원으로서 왜적의 관·사설기관을 물론하고 파괴하려고 금차 회국回國 도경到京한바, 최후 힘을 진력하여 휴대물품을 동척회사, 식산은행에 선사하고 힘이 남으면 부내府內 본정本町 1·2·3·4정에까지 출두하여 시가화전市街火戰을 하고는 자살하겠기로 맹서코, 실행 전 동포동족을 보고하오니 이차以此 조량후照亮後 본인의 의지를 가급적 귀보에다 소개하여 주심을 바랍니다. ……

한 남자가 뭔가 던지는 것은 봤지만 그게 폭탄인 줄은 꿈에도 모르고 폭탄을 들고 요리조리 살펴볼 정도였다. 일제강점기 폭탄의 성능 때문에 낭패를 본 독립운동가들이 한 둘이 아니거니와 식산은행의 직원들은 그 덕에 목숨을 건졌다. 식산은행 폭파에 실패한 나석주는 이번에는 바로 큰길 건너 오늘날의 외환은행 본점 자리에 있던 동척을 겨냥한다. 그 이후는 그대로 영화의 한 장면이 된다.

폭탄에 실패한 나석주는 권총을 빼들었다. 동척에 진입해 제지하는 일본인 수위부터 쏘아 쓰러뜨린 나석주는 토지개량부 사무실로 올라가 일본인 직원들에게 원한 맺힌 총알을 날렸다. 한바탕 총알 세례를 퍼부은 후 폭탄을 던졌는데 이것이 또 불발이었다. 하지만 식민지 사람들의 등을 치고 피를 빨아먹던 식민 통치의 경제적 본산 동척은 이미 아수라장이었다. 나석주는 동척을 빠져나와 을지로 쪽으로 몸을 피하지만 경찰이 따라붙고 있었다. 격렬한 총격전이 이어지다가 나석주는 자신의 몸에 세 발의 총알을 스스로 꽂고 만다. 난데없는 세모의 도심 총격전에 몸을 움츠리고 책상 밑으로 기어들던 동포들을 향하여 나석주는 이렇게 외쳤다고 한다.

"나는 조국의 자유를 위해 싸웠다. 2천만 동포들아. 분투하라. 쉬지 말라."

"조국을 위해 싸웠노라! 쉬지 말고 분투하라!"

경각에 달린 목숨 앞에서 일본 경찰은 악착같이 그의 정체를 캐내려 들었다. 이름과 출신을 독살스레 묻는 일본 경찰에게 나석주는 "내가 나석주다. 그리고 공범은 없다. 나 혼자 한 일이다"라는 말만 남겼다. 일본 경찰은 황해도에 연락하여 나석주를 아는 경찰을 불러 올렸고 그제야 경성의 1926년 연말을 총성으로 뒤흔든 사내가 나석주임을 확인할 수 있었다. 그리고 나석주는 12월 28일을 넘기지 못하고 죽었다. 서른넷의 젊디젊은 나이였다.

흔히 사람들은 별 근거 없는 착각을 하곤 한다. 이를테면 80년대가 학생운동이 성했던 시기라고 해서 모든 대학생이 투사 노릇을 했던 것은 아니었다. "왕년에 돌 한 번 안 던져 본 사람 있나"라고 하지만 정확히 수를 세어 보자면 돌을 안 쥐어 본 사람이 쥐어 본 사람보다 더 많을 것이다. 참을 수 없는 독재정권 하에서도 어떤 이는 고시를 보고 어떤 이는 토플 공부를 하고 어떤 이는 유학을 가고 스펙을 쌓았다. 그 가운데 어떤 이들이 돌을 던지고 저항에 나섰을 뿐인 것이다.

일제강점기 또한 마찬가지였다. 1926년이면 이미 일제 식민 통치는 안정적인 단계에 접어들었고, 그 안에서 식민지 조선의 일상은 또 다른 뿌리를 내려가고 있었다. 나석주의 불발 폭탄을 두고 요리조리 살폈던 직원 3명 가운데 1명은 조선인이었고, 나석주를 사지로 몰아넣은 경찰대 중에도 조선인이 있었고 나석주의 신원을 확인한 이도 조선인 경찰이었다.

나석주의 의거 이후 한 조선인 은행원은 이런 기록을 남겼다고 한다.

"나는 조금도 두렵지 않다. 어떻게 여기까지 왔는데 ······."
적극적인 친일파로 분류할 수 있을지는 모르겠으나 일제 강점체제에 순응하고 체제 내에서의 일신의 출세나 안정을 도모하려는 이들이 늘어나고 있었다고나 할까. 그런 조선에서 나석주는 일종의 별종일 수 있었다.

힘 잃은 조선 향해 터진 나석주의 폭탄

일상이 공고할수록 모순은 심해지고 모순을 타파하려는 노력은 힘을 잃어 간다. 애초에 김창숙이 나석주에게 동척과 식산은행을 공격하자고 한 이유는 심산 김창숙 자신이 독립운동 자금을 구하러 잠입했다가 뜻밖의 가라앉은 국내의 항일 분위기에 충격을 받았던 탓이었다.

나석주가 경성을 종횡무진으로 가로지르던 1926년 당시 조선 총독은 사이토 마코토였다. 그는 1919년 3·1항쟁 후 부임하여 8년 동안이나 조선 총독으로 있었다. 그가 내세운 것은 '문화통치文化統治'였다. 일본 순사가 조선인을 데려다가 무슨 죄명이든 뒤집어씌워 불문곡직 두들겨 팰 수 있었던 조선태형령이 사라졌고 칼 차고 군복 입고 아이들을 가르치던 살풍경 또한 없어졌다. 헌병 경찰 대신 보통경찰제도가 도입된 것도 문화통치기였다. 조선어 신문들, 즉《동아일보》와《조선일보》등이 창간사를 소리 높이 외치던 것도 이 즈음이었고 국어교과서에서 배웠던《창조》니《개벽》이니 하는 문예지들이 쏟아져 나온 것도 사이토 마코토가 조선총독부에 좌정하고 있던 때였다.

그러나 이 문화통치는 발톱을 감춘 살쾡이 같은 거짓 유화 국면에 불과했다. 치안유지법 등 독립운동에 대한 통제는 더욱 강화됐고 경찰 지서의 수는 오히려 증가하고 있었다. 기미년의 만세 소리를 무마하기 위해 숨구멍 몇 개를 열어 준 셈이라고나 할까. 갑갑해서 어쩔 줄 모르던 사람들에게 숨구멍은 각별한 의미로 다가왔다. '아쉽게나마 맑은 공기를 쐴 수 있다면 굳이 밖으로 나갈 필요가 있단 말인가. 제대로 걸을 힘도 없는데. 방 안에서 힘을 기르자' 는 식의 논리가 점점 힘을 얻고 세를 불려가고 있었다고나 할까. 독립운동 기지 건설 자금을 마련하기 위해 국내에 들어왔던 김창숙이 "내가 지금 모은 자금으로는 황무지 개간 사업을 거론하기도 만 번 어려울 것이다. ……"라고 탄식하게 된 데에는 이유가 있었다.

목이 쉬게 만세를 불러도 젊은이들이 몸 바친 폭탄이 터져도 공고해만 보이는 일제 체제는 섣부른 포기와 정교한 자기합리화를 불렀다. 식민지 조선 사람들은 "조선 민족이 쇠퇴하게 된 근본 원인이 '허위, 비사회적 이기심, 나태, 무신無信, 겁나怯懦, 사회성의 결핍' 등 타락한 민족성에 있으며, 우리 민족이 완전한 멸망에 빠지기 전에 살아남을 수 있는 유일한 길은 민족성을 개조하는 것"이라는 이광수류의 민족개조론을 자기에 맞게 받아들였다. 조금 더 잘 먹고 잘 살기 위해 노력하는 가운데 불평불만은 술과 노래로 삭이며 독립운동 따위 '나대는' 이들에게 냉랭해지고 있었다. 나석주의 폭탄은 동척뿐 아니라 그 조선인들을 향해 터뜨린 것이기도 했다.

"나는 싸웠다. 분투하라. 쉬지 말라."

나석주

"우리들은 한 번 죽기로 이미 결심했으니 어찌 즐겨 가지 않겠습니까."
김창숙으로부터 거사를 제안 받은 후의 나석주의 대답

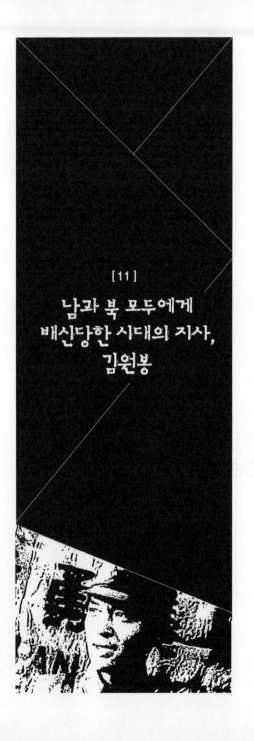

[11]

남과 북 모두에게
배신당한 시대의 지사,
김원봉

'전설' 김원봉의 의열단 결성

1919년 11월 9일 만주 길림성의 한 중국인 집 안에는 상기된 얼굴의 조선인들이 모여 있었다. 모두 13명. 윤세주, 이성우 등이 좌정한 가운데 날카로운 눈매에 잘생긴 얼굴의 한 청년이 분위기를 주도해 나갔다. 경상도 사투리가 짙게 배인 그의 언어는 정연하면서도 매서웠다. 스물 두 살의 개띠 청년. 그러나 어느 범보다도 무섭고 어떤 용보다도 날래게 1920년대 식민지 조선을 뒤흔들 사람이었다. 그 이름은 김원봉(1898~1958). 그의 주도 하에 '의열단'이 결성된다.

의열단은 애초부터 정체성을 명확히 했다. 평화적인 3·1만세운동이 어떻게 짓밟히는가를 똑똑히 본 그들에게 평화로운 수단으로 어찌해 보겠다는 것은 신기루만도 못한 일이며, 실력을 키워 후일을 기약하자는 실력양성론 따위는 비겁자의 변명일 뿐이었다. 그들은 폭력투쟁을 내세웠다. 일제 요인 암살과 일제 주요기관을 공격함으로써 식민지 조선인들의 용기를 일깨우고 그 힘을 끌어내겠다는, 80년대 학생운동 식으로 말하면 '선도투쟁'을 감행하고자 했다. 규모는 작아도 철저하게 훈련된 소수 역량을 통해 일제의 식민 통치에 타격을 주겠다는 것이었다.

의열단은 이를 위해 '5파괴 7가살'이라는 행동 목표를 채택했다. 5개의 파괴 대상으로는 조선총독부, 토지조사사업 등으로 인해 조선인들의 원한이 하늘을 찔렀던 동양척식회사, 총독부 기관지 매일신보사, 그리고 식민 통치의 촉수인 각 경찰서와 주요기관들이었다. 그리고 죽여야 하고, 또 죽여도 되는 '7가살'의 대상으로는 조선총독 이하 일본 고관, 군부 수뇌, 대만총독, 매국노, 친일파 거두, 적의 밀정, 반민족적 토호 등을 명시했다. 이 의열단의 정신을 신채호가 그 사나운 명문으로 표현한 것이 유명한 〈조선혁명선언〉이다.

민중은 우리 혁명의 대본영大本營이다. 폭력은 우리 혁명의 유일 무기이다. 우리는 민중 속에 가서 민중과 손을 잡고 끊임없는 폭력(암살, 파괴, 폭동)으로써, 강도 일본의 통치를 타도하고, 우리 생활에 불합리한 일체 제도를 개조하여, 인류로써 인류를 압박치 못하며, 사회로써 사회를 수탈하지 못하는 이상적 조선을 건설할지니라.

"강도 일본 통치 타도"

이후 1920년대 초반 의열단의 이름은 조선을 뒤흔들었다. 1920년 박재혁이 부산경찰서를 공격하여 서장을 폭사시킨 것을 필두로 의열단원들은 일본 경찰의 공포의 대상이자 최고의 목표물이 됐다. 동양척식주식회사에 폭탄을 터뜨린 나석주, 종로경찰서를 들이부수고 1대 20의 총싸움에서 그 대부분을 쏘아 넘어뜨린 명사수이자, 이후 주택가 지붕 위를 오르내리면서 무려 1,000명의 경찰들과 맞서 싸우다가 마지막한 발로 자살한 영화 주인공 같은 의거의 주인공 김상옥 등쟁쟁한 인물들이 의열단원이었다. 심지어 황옥 경부 같은 조선인 경찰 고위 간부까지도 의열단에 포섭되어 폭탄을 반입하다가 발각되기도 했다(황옥 경부에 대해서는 여러 설이 있다. 실제로 밀정이었고 의열단원들이 그의 배신에 치를 떨었다고도 하고 어쩔 수 없이 배신자 행세를 했던 진짜 의열단원이었다는 주장도 있다. 황옥은 해방 후 반민특위에 증인으로 출석하여 자신의 상관이자 독립운동가들의 철천지원수라 할 김태석을 고발한다. 이후한국전쟁 때 월북하여 소식을 알 수 없게 되었는데 1983년 11월 8일 미국 레이건 대통령 반대 시위 도중 도서관 창문에 매달려 구호를 외치다가 추락사한 서울대생 황정하가 그 종손이다).

가히 의열단의 이름은 신화적 존재였다. 의열단에 소속된 젊은이들, 일제에 대한 공격을 준비하며 자신의 얼마 남지 않은 생을 보내던 젊은이들은 절정의 인기를 누렸다고 한다. 그들은 언제나 단정하게 옷을 입고 최고의 멋을 내면서 수영과 테니스를 즐기며 '여생'을 만끽했다. 죽음을 눈앞에 둔 멋쟁이 청년들은 여성들의 모성 본능과 공주 본능을 동시에 자극했고, 비장하기까지 한 로맨스는 끊이지 않고 청년들의 짧은 젊음을 빛냈다. 1923년 4월 14일《동아일보》기사를 보면 의열단을 두고 어떤 전설(?)들이 생겨나고 있었는가를 짐작케 한다.

의열단은 권총부와 폭탄부로 나누어 놓고 폭탄부에서는 폭탄 만드는 법과 사용하는 법을 연습하고 육혈포부에서는 육혈포 놓는 연습을 하는데 연습도 보통 방법으로 하는 것이 아니라 서로 머리 위에 배[梨]를 놓고 그 배를 쏴 떨어뜨리는 것이니 만일 총알이 조금만 빗나가서 머리를 맞으면 즉사를 하는 것이라. 그러나 그들은 생명을 초개같이 알고 그런 일을 하며 …….

참 잘난 남자다! 하는 탄성이 튀어나오는 사람. 외모로나 행적으로 보나 그는 20세기에 태어나고 죽어간 수천 만의 조선인과 한국인 가운데 뛰어나게 걸출한 남자였다. 물론 장준하 같은 우익청년 눈에는 그리 탐탁지 않아 보이긴 했지만 말이다. 그래도 이 땅의 역사가 제대로 굴러갔다면 그의 얼굴은 지폐 한 구석에 박혀 마땅한 사람이었다.

이 기사를 보면 의열단원들은 윌리엄 텔 수준의 명사수에 제임스 본드를 능가하는 정예 요원들이지만 실제로는 그다지 정교하지 못한 면도 많이 드러냈고 일제 당국 또한 의열단에 밀정을 심으며 끊임없는 공작을 벌였다. 3명이 합동작전을 펼치고도 표적을 없애지 못했던 김익상·오성륜·이종암 의거도 그렇거니와 의열단원이었던 류자명이 친일 조선인 경찰 중 으뜸이라 할 김태석의 공작에 넘어가 그를 조선 독립운동에 호의적인 인사로 오해하여 기밀을 누설했을 뿐 아니라 60년이 흐른 뒤에도 '독립투사들과 비밀관계를 가지고서 몰래 도와 주었던 인물'로 기억했던 것은 그 단면의 하나라 하겠다.

영화 〈암살〉에서 인상 깊었던 장면 중의 하나, 해방 소식에 들뜬 독립운동가들이 "집에 가자"를 합창하는 뒤켠에서 김원봉이 술잔들에 술을 따르며 되뇌던 이름들. "최수봉, 나석주, 윤세주 ……. 너무 많이 죽었어요. 잊혀지겠지요? 미안합니다." 이 장면에서 울컥했던 사람들이 많을 것이다. 나 역시 그랬다.

의열투쟁의 한계를 뛰어넘고

그러나 요인 암살과 시설 파괴를 주로 한 의열투쟁의 한계는 점차 극명해지고 있었다. 김익상의 동료였던 오성륜은 "일본의 대신, 대장을 암살한다 해서 독립을 성취시킬 수는 없다. 그러나 암살로 말미암아 자연 사방의 정세가 독립을 인도할 것이라고 생각하고 암살 수단을 채택하게 되었다"라고 토로하고 있는 바, 암살로 말미암아 독립의 정세가 올 것이라는 생각은 "대장을 암살한다 해서 독립을 성취할 수는 없다"는 깨달음에 점차 묻히고 있었다.

"개인의 암살과 건물의 파괴는 이를 계속 보편화할 때 비로소 사회를 암흑된 상태로 빠뜨린다. 그 의의 및 가치를 인정하는 바이나 그것으로써 독립운동의 유일 최대의 전체적인 방침이라고 과장할 것은 못 된다. 이 공포론의 주장은 그 주종을 혼동한 것 같다"(상해청년동맹회 총회 선언서. 1924. 10)라는 상해청년동맹회의 주장은 김원봉 이하 의열단원들의 가슴을 무척 아프게 했다. 이에 반발하여 논쟁을 벌이는 와중에 '독립운동의 반역자'니 뭐니 하는 꼴사나운 욕설이 오간 것은 물론 꽤 격렬한 주먹질까지 벌어졌으니 독립운동가들 사이의 노선투쟁도 어지간했던 셈이다.

그러나 논리에서 밀린 쪽은 의열단 쪽이었다. 김원봉 스스로 찾아가 사죄하고 사과문을 작성해 배포했으니까. 이 민망한 노선투쟁 가운데에서 의열단은 스스로의 의의와 한계를 되새기는 기회를 가지게 된다. 1927년 5월 의열단 선언에서는 다음과 같이 변명 같은 다짐을 하고 있는 것이다.

본단은 민중조직과 조직적 군사행동을 중시하고 단원의 기율 있는 행동과 민중에 대한 선전을 혁명의 필요조건으로서 인식하였다. 그러나 시기와 환경의 필연한 사세하事勢下에서 암살파괴운동만이 있었음에 불과하였다.

그리고 김원봉은 의열단이 지었던 틀을 앞장서서 부수고 새로운 독립운동 모색에 적극적으로 나선다.

약산이 황포군관학교 제4기생으로 들어간 것은 1926년 1월이다. 신악, 이영준, 김종, 이인홍, 왕자량, 양검, 이병희 같은 의열단 동지들과 함께 한 투쟁노선 변경에 따른 것이니, '결사적인 항일군대'를 만들자는 생각이었다. 광동코뮌이 끔찍하게 무너지는 것을 보고 공산주의와 민족주의의 대립에 대하여 많은 생각을 하며 상해를 거쳐 북경으로 간 약산은 '레닌주의 정치학교'를 세워 조국해방을 위한 인재들을 키워 낸다. 그들을 국내로 들여보내어 노동자, 농민, 학생과 대중운동을 벌이게 하고, 장개석과 합작을 추진하였으니 장개석의 소극적 항일노선으로 인하여 좌절된 다음, 남경으로 가서 혁명간부학교를 세운다.

1935년 7월 4일, 독립운동 단체 9개를 묶어 민족혁명당을 만들고 총서기가 됐다. 1938년 10월 1일, 무장부대인 '조선의용대'를 결성하고 대장이 됐다. 물밀 듯 쳐들어 오는 왜병에 맞선 무한방위전에 참전하는 것을 시작으로 여러 군데를 옮겨다니며 항일 전투를 하던 조선의용대는 화북으로 가서 무정武亭 장군이 조직한 '조선의용군'이 된다. 중경에서 조선의용대에 대한 영향력 확보에 힘쓰던 약산은 김구金九가 주도하는 임정에 들어가 군무부장을 맡게 되는데, 일제 패망이 멀지 않았음을 내다본 것이었다(김성동, 《현대사 아리랑》).

흡사 광주항쟁 뒤의 80년대처럼, 3·1항쟁 뒤의 1920년대는 일제강점기 동안 가장 뜨거운 불길이 조선 사람들의 가슴에서 일렁이던 때였고 은하수의 별들처럼 많은 청춘들이 독립운동에 뼈와 살을 바쳤다. 하지만 그 가운데 가장 신화적인 인물은 뭐니뭐니 해도 역시 의열단의 '수괴' 김원봉이었다. 님 웨일스의 《아리랑》에서 김산은 김원봉을 이렇게 소개한다.

고전적인 유형의 테러리스트로서 냉정하고 두려움을 모르며 개인주의적인 사람이었다. 거의 말이 없었고 웃는 법이 없었으며, 도서관에서 독서를 하며 시간을 보냈다. 일본 관헌은 그에 관한 자료를 산더미처럼 쌓아 두고 그를 체포하려고 혈안이 되어 있었다. 기미년 이후 친일파와 일본 관헌, 일본제국주의자들에게 최대의 공겁의 대상이었고, 나와 같은 20대 전후의 젊은이들에게는 조국 해방의 상징적 존재였다.

조국 해방의 상징 김원봉

김산에 따르면 그를 찾느라 눈이 벌건 일본 경찰들 사이를 뚫고 다니면서도 두려운 빛 하나 없는 태연한 얼굴로 도서관에서 독서삼매경에 빠지는 남자, 헤프게 웃지도 않고 태산처럼 무거우면서 누구나 그 이름만 들어도 선망과 존경으로 가슴이 두근거리는 남자였다. 이 멋진 남자의 가슴을 뛰게 한 여인이 있었다. 역시 독립운동사에서 빼놓을 수 없는 박차정이었다. 일제에 항거하여 자결한 아버지와 독립운동에 투신한 오빠와 외가 친척들을 두었던 박차정은 일신여학교 시절부터 학생운동에 가담했고, 이후 오빠가 있던 중국으로 망명했다. 1931년 운명의 남자 김원봉과 결혼하여 아내로서 동지로서 일생을 함께하던 박차정은 해방을 1년 앞둔 1944년 중경에서 병사했다. 하지만 오히려 박차정으로서는 다행이었는지도 모른다. 김원봉에게 진짜 시련은 정작 해방 이후에 들이닥쳤기 때문이다.

1919년에 의열단을 결성한 이후 해방에 이르기까지 김원봉은 단 한 번도 일제 경찰에 잡히지 않았다. 1946년 봄 고향 밀양에 금의환향했을 때 그 앞에 레드카펫이 깔리는 열렬한 환영을 받을 때만 해도 김원봉의 이름은 해방 조선 하늘에 드높았다. 그러나 1947년 3월, 그는 좌익 혐의를 받고 한국 경찰에 체포된다. 수십 년 동안 그토록 악랄하고 집요했던 일본 경찰도 손대지 못했던 그를 체포한 이는 그 이름도 유명한 친일 경찰 노덕술이었다. 김원봉은 체포 당시 화장실에 있었는데 노덕술은 옷도 제대로 추스르지 못한 그의 손에 수갑을 채우고 개 끌 듯 끌고 갔다. "어허 옷이나 좀 입고 ……"를 부르짖었을 김원봉, 수십 년 동안 객지에서 풍찬노숙하며 독립투쟁을 했던 중년의 전사戰士의 속내가 어떠했을지는 가늠이 되지 않는다. 의열단 동지 유석헌에 따르면 김원봉은 이후 사흘 동안을 엉엉 울었다고 한다.

해방 조선 …… 남에선 일제 경찰 북에선 숙청

이런 수모를 겪은 그가 월북을 택한 것은 어쩌면 당연한 일이었지만 사회주의자라기보다는 열혈 민족주의자였던 그에게 북한은 또 하나의 험지였다. 더구나 독립투쟁을 했다고는 하지만 김원봉에게 명함을 내밀 처지가 안 되는 김일성이 절대

권력을 쌓아 나가는 와중에 김원봉의 이름은 그다지 유용한 것이 못 되었다. 그의 월북을 설득했던 박헌영이 '미제의 간첩'이 되어 죽어 간 후 그의 명도 그렇게 길지 못했다. 그가 환갑을 맞은 1958년을 마지막으로 그의 자취는 사라졌고 전하는 바에 따르면 옥중에서 자살했다고 한다.

1919년 11월 9일 열변을 토하며 의열단 탄생을 주도하던 홍안의 청년, 평생을 민족 독립을 위해 소진한 한 독립운동가의 정확한 최후를 우리는 아직도 모른다. 남과 북은 합작으로 그를 배신했고 우리 현대사의 큰 봉우리 하나를 역사 속에서 지워 버렸다. 지워진 것은 그 혼자만이 아니었다. 이남에 남아 있던 9남 2녀의 형제 가운데 친동생 4명과 사촌동생 5명이 보도연맹원으로 죽음을 당했고 부친 또한 외딴 곳에 유폐됐다가 굶어죽어 갔던 것이다. 그것이 일제가 가장 두려워했던 독립운동가에게 해방된 조국이 베푼 일이었다.

일장기를 변소에 처박다

몇 년 전 송전탑 건설 문제 때문에 지방의 작은 도시가 전국 적으로 화제가 됐다. 바로 경남 밀양이다. 영화 〈밀양〉(2007) 의 제목이기도 하고 무대이기도 했던 이 도시를 영화 〈밀양〉 의 주연 송강호는 이렇게 소개한다.

"경기는 엉망이고 한나라당 도시고 부산 가깝고 …… 말씨 도 부산 말씨고 인구는 많이 줄었고 …… 뭐 사람 사는 동네 ……."

그러나 밀양은 우리 역사에 심심찮게 등장하여 격동의 무 대가 됐던 고장이다. 우선 고려 중기 최대의 농민반란이라 할 김사미와 효심의 난이 결정적으로 꺾인 전투가 바로 밀성군 전투, 밀양 땅에서 벌어진 전투였다. 이 전투에서 7,000여 명 의 농민군이 목숨을 잃고 지도자 효심도 사로잡힌다. 그 뒤에 도 밀양 땅의 반골 기질은 꺾이지 않아 삼별초가 몽골에 저항 할 때 그에 호응하여 반란을 일으켰다가 천민들의 거주지라 할 '부곡'으로 격하되기도 했다. 이런 전통(?) 속에서 밀양은 한국 현대사에서 잊을 수 없는 영웅과 걸출한 호걸들을 배출 한 고향으로 그 이름이 드높다. 일본 제국주의자들이 가장 무 서워하고 지긋지긋해했던 '의열단'은 사실상 밀양 사람들이

주도해서 만든 단체다. 단장 김원봉이 그랬고 그 죽마고우이자 김원봉에 뒤지지 않는 혁명가 윤세주, 고향의 경찰서에 폭탄을 던진 최수봉 등 많은 사람들이 훗날의 '한나라당 도시'에 태를 묻었다.

그 가운데 윤세주의 행적은 누구에 비해서도 그 파란만장함이 뒤처지지 않는다. 우선 그 시작은 1911년 4월 김원봉과 함께 벌인 일장기 화장실 투척 사건(?)으로 거슬러 오른다. 그때 그의 나이 열 살이었다. 아홉 살 때 나라를 잃었을 때 대성통곡을 했던 이 맹랑한 꼬마는 천장절, 즉 일본 천황의 생일을 위해 준비한 일장기를 재래식 변소에 처박아 버리는 '거사'를 감행해 학교에서 쫓겨난다. 이후 저항 정신 드높은 청년으로 성장한 그는 1919년 3·1운동을 밀양에서 주동한 후 중국으로 건너간다. 궐석 재판에서 일제 재판부가 그에게 내린 형량이 가장 높았을 만큼 그는 '요주의 인물'이었다.

1919년 11월 김원봉이 단장을 맡은 의열단이 조직되자 윤세주는 쌍수를 들고 함께하기로 한다. 태극기 흔들며 만세 부르다가 쓰러져 간 사람들의 모습이 시야에 선연한 윤세주로서는 "조선총독 이하 고관, 군부수뇌, 대만총독, 매국적賣國賊, 친일파 거두, 적의 밀정, 반민족적 귀족 및 대지주" 등을 다 죽여 버리겠노라 칼을 가는 의열단이 그렇게 매력적일 수 없었을 것이다. 폭탄과 권총을 동원한 의열단원들의 테러가 일본 제국주의자들의 혼을 빼 놓는 가운데 윤세주 역시 1920

년 폭탄을 숨긴 채 국내로 잠입하여 거사를 준비했다. 하지만 뜻을 이루기 전 정보가 누설돼 체포되고 만다.

"동지는 도처에 …… 강도왜적 섬멸하리"

윤세주와 동료들을 체포한 이는 악질 친일경찰 김태석이었다. 일찍이 사이토 총독에게 폭탄을 던진 강우규를 고문한 자였다. 윤세주는 법정에서 이렇게 부르짖는다.

> 우리의 제1차 계획은 불행히도 파괴되고 무수한 동지들이 체포되어 처벌되었지만 체포되지 않은 우리 동지들은 도처에 있으니 반드시 강도왜적을 섬멸하고 우리의 최후 목적을 도달할 날이 있을 것이다.

그의 나이 열아홉 살이었다.

그 일로 7년간 옥살이를 한 뒤 고향 밀양에서 밀양청년회장을 맡아 청년운동을 벌이는 한편 '일제강점기 최대의 민족운동단체' 신간회 밀양지회 총무간사로도 활동했다. 그러나 합법적이고 체제 내적인 운동은 왕년에 폭탄을 들고 적의 심장부를 노리던 투사의 성에 차지는 않았을 것이다. 또 좌우합작단체로서 신간회를 함께 운영하긴 했지만 점차 항일의 기풍을 잃어 가던 우익 민족주의자들을 지켜보는 것도 분통이

한국사를 지켜라 ❶
독립운동가로 산다는 것

터질 노릇이었을 것이다. 실제로 1931년 신간회가 해소된 후 우익들은 더욱더 일제에 투항하는 기색을 보였고 의열단 동지이자 신간회 동료였으며 절친한 벗이던 황상규마저 세상을 뜨자 윤세주는 다시금 신발끈을 동여매고 집을 나서게 된다. 그의 행선지는 중국 남경이었다. 체포된 지 근 10여 년 만에 그는 왕년의 의열단원 동지들과 재회한다. 중국에 있던 이들이나 조선에 있었던 이나 생각은 같았다.

희생적인 개인들에 의해 수행된 선도적인 암살, 파괴투쟁은 국내 민중들의 애국심을 크게 고양시킨 것이었으나, 이것만으로는 강도 일본을 몰아낼 수 없다는 사실은 분명했

태항산에 마련된 윤세주의 묘. 일본군 4만 명이 총공세를 벌인 1942년의 태항산 전투에서 윤세주와 진광화 등이 이끈 조선의용군은 팔로군의 선봉에서 일본군과 부딪쳤다. 수십 년이 흐른 뒤에도 중국인들은 태항산을 울린 조선의용군의 활약상을 똑똑히 기억하고 있었다. 해마다 4월 5일 청명절을 전후하여 인근 중국인들은 조선의용군 전사자들을 위해 제사를 올려 왔다고 한다.

다. 강도 일본으로부터 조국을 되찾을 수 있는 유일한 길은 민중의 힘에 의거한 무장투쟁밖에 없었다. '준비론'에 매몰되지 않는 실천적이고 조직적인 무장투쟁의 준비! 그리고 무장투쟁 수해의 조직적 기반으로서의 민족협동전선! 이것이 이들이 도달한 결론이었다. 이는 의열단의 투쟁노선이 희생적인 개인들의 암살, 파괴 등 의열투쟁에서 조직적이고 집단적인 무장투쟁으로 전환한 것을 의미했다(한홍구, 〈태항산에 묻힌 혁명가 윤세주〉).

의열단은 1932년 10월 중국 국민당 정부의 지원 아래 조선혁명간부학교를 개설하였다. 이때 윤세주는 열 살 아래의 까

1921년 홍안의 젊은이는 1942년 중년의 투사에 이르기까지 윗말에 한 치의 어김없는 삶을 살았다. 재판정에서 '강도왜적'을 들먹이던 대담한 밀양 사람 윤세주는 끝내 해방을 보지 못했다. 그러나 어쩌면 그는 저승에서 차라리 다행한 일이었다며 가슴을 쓸어내렸는지도 모른다. 그의 동향 친구 김원봉의 이후 삶을 바라보면서 어찌 그러지 않았을 것인가.

석정 윤세주 열사 어록
"우리의 제1차 계획은 불행히도 파괴되고 무수한 동지들이 체포되어 처벌되었지만 체포되지 않은 우리 동지들은 도처에 있으니 반드시 강도 왜적을 섬멸하고 우리의 최후 목적을 도달할 날이 있을 것이다."
- 1921년 의열단 제1차 국내특공거사 사건 재판정 진술 중에서 -

마득한 막내동생뻘 후배들과 더불어 이 학교에 1기생 26명 중 한 사람으로 입학했다. 이 동기생 가운데 윤세주가 끌어들인 인물이 시인 이육사였다. 이윽고 그는 중국에 있던 독립운동 진영 최고의 교관이자 이론가이자 문사文士이자 지휘관으로 우뚝선다. 윤세주는 독립운동가들의 소망이었던 단일정당 민족혁명당이 조직됐을 때 중앙위원이었고 기관지 편집장이었으며 당 훈련부장도 거쳐 갔다.

우리는 오직 과감한 실천을 통해서만 비로소 우리의 수많은 동포들로 하여금 우리에게 호응하고 또 우리의 핏자국을 따라서 해방의 대도를 향하여 매진토록 할 것이다. 그리고 또 이와 같이 하여야만 비로소 중·한 두 민족의 실질적인 연합전선을 형성할 수 있을 것이다. …… 그렇기 때문에 우리는 과거 2년 동안 실속이 없는 빈 껍질의 외교활동이나 이론에 그치는 입씨름을 원치 않고, 오직 실질적으로 남북의 각 전선에 참가하여 우리의 모든 역량을 다해서 공작활동에 힘썼을 뿐이다(《조선의용대통신》 37호).

이렇게 보면 사자 같은 인상의 열혈 투사가 그려지지만 꼭 그런 것은 아니었던 것 같다. 조선의용대 '최후의 분대장' 김학철은 이렇게 윤세주를 회고하고 있기 때문이다.

홀쭉한 얼굴, 호리호리한 몸집에 목소리까지도 잔잔해 도무지 용사 같아 보이지 않았다. …… 나는 석정 선생님의 가르침을 받고 또 지지를 받는 몇 해 동안 그분이 역정을 내는 걸 한 번도 못 봤다.

그가 역정을 낸 건 오로지 일본제국주의뿐이었을 것이다. 국민당 지역에서의 활동을 주장하던 죽마고우 김원봉과도 갈라선 윤세주는 '북상 항일', 즉 화북 지역에 진출하여 중국공산당군과 함께 항일전쟁을 치르는 길을 택한다(김원봉과 갈등을 빚은 게 아니라 활동 방향을 분담했다는 설도 있다). 양자강을 건너고 숱한 산길을 지나 태항산에 이른 조선의용대를 두 팔 벌려 환영한 팔로군 지휘관은 펑더화이彭德懷. 후일 중공군을 거느리고 압록강을 넘어 미군과 맞섰던 그 사람이었다.

마지막 전투, 태항산 혈전

그러나 태항산은 윤세주에게 마지막 무대가 되고 말았다. 일본군 사단 병력이 태항산을 공격해 들어왔고 팔로군 총사령부가 포위됐다. 이때 혈로를 뚫는 역할을 한 것이 조선의용대였다. 높은 곳에서 내리쏘는 일본군들을 향해 죽음의 돌격을 감행한 끝에 조선의용대는 고지를 점령하고 퇴로를 열었다. 이 퇴로로 펑더화이가 빠져 나가고 오늘의 중국을 이끈 거인 등

소평鄧小平이 목숨을 건졌다. 난전 와중에 윤세주는 나이 든 국어학자이자 독립운동가 김두봉과 그 가족들과 함께 은신하고 있었다. 이때 일본군이 가까이 몰려와 이곳저곳을 뒤지기 시작하자 윤세주는 자신을 희생시켜 사람들을 살릴 생각을 한다.

윤세주는 동료와 함께 총을 쏘며 뛰어나가 일본군의 시선을 분산시켰고 집중 사격을 받아 부상을 당한다. 다른 동료가 일본군의 추격을 받는 동안 바위틈 사이에 몸을 숨기는 데에는 성공했으나 이미 그의 몸 상태는 말이 아니었다. 이를 악물고 동지들이 그를 들것에 싣고 며칠 동안 행군했지만 그의 피는 그의 몸 안에서 너무 많이 빠져 나왔다. 그가 마지막으로 입 밖으로 낸 소리는 "단결해서 …… 적들을 사살하시오"였다. 1942년 6월 3일. 해방되기 3년 전의 일이었고 너무나도 아까운 나이 마흔 하나였다.

그로부터 반세기가 지난 뒤 장준하기념사업회 사무국장 이준영은 한국 대학생들을 이끌고 옛 전적지 태항산을 방문했을 때 뜻밖의 경험을 한다. 한국인들이 왔다는 소식을 듣고 한 중국인 촌로가 허둥지둥 달려온 것이다. 그는 태항산에서 있었던 조선의용군들의 불굴의 항전을 지켜본 사람으로서 윤세주와 그와 함께 싸우다 죽은 또 하나의 조선인 진광화(본명은 김창화)의 묘지를 수십 년 동안 돌보아 왔다고 했다. 두 조선인은 중국에서도 혁명열사로 대접받아 인근의 대처인 한단

시에 조성된 혁명전사 묘역으로 공식적으로는 이장됐으나 이장한 뒤에도 전사한 곳에 자리 잡고 있던 묘역을 지켜왔다는 것이다. 중국인 노인은 눈물을 흘리며 말했다고 한다.

"왜 이제야 왔습니까."

대륙의 한 구석, 조선이라는 나라가 있는지도 제대로 몰랐을 중국인 촌로는 어떤 사람들을 보고 느꼈기에 그토록 오랫동안 그 감동을 잊지 못했을까.

그나마 밀양 사람 윤세주는 찾아 주는 사람도 많고 밀양시에서도 꽤 신경을 써서 기념사업도 벌이고 있다고 한다. 하지만 평안도 출신의 김창화는 찾아 주는 이도 없고 기억하는 이도 거의 드물다. 진광화, 본명 김창화는 중국인 촌로의 보살핌 외에는 제삿밥 한 번 얻어먹은 적이 없다. 김일성의 '백두산 줄기' 이외에는 사람 취급을 않는 북한에서 왕년의 '연안파' 쯤 될 진광화에 신경을 쓸 것 같지도 않거니와 가족은 물론 후손도 없다고 했다. 일제강점 36년 동안 그렇게 수도 없는 이들이 빛도 없이 이름도 없이 스스로 등에 비끄러맨 깃발을 지키려고 싸우다가 불나방처럼 죽어 갔다. 가끔 "국내에서 활동한 이들의 공"을 논하는 이들의 말에 고개를 끄덕이다가도 맹렬히 가로젓게 되는 건 다른 이유가 아니다. 그 '국내에서 자립의 힘을 기른' 이들의 공을 인정하는 것은 아무도 알아 주지 않는 삶과 죽음을 깡그리 바쳤던 이들의 공을 기린 뒤에야 가능한 일이겠기 때문이다. 하물며 그 두 부류의 사람들이 엇비슷하다고 우기는 것은 언어도단의 최고봉을 넘으면 넘었지 밑돌지는 않는다.

윤세주

"최후의 결전을 맞으러 가자 생사적 운명의 판갈이다.
나가자 나가자 굳게 뭉치어 원수를 소탕하러 나가자.
총칼을 메고 결전의 길로 다 앞으로 동무들아"

80년대 대학가에서도 불렸던 노래 〈최후의 결전〉 원곡은 〈바리케이드를 향해〉라는 폴란드 투쟁가이며 영화 〈닥터 지바고〉에도 등장하는 노래다. 이노래의 한국어 가사를 위와 같이 붙인 이가 윤세주였다.

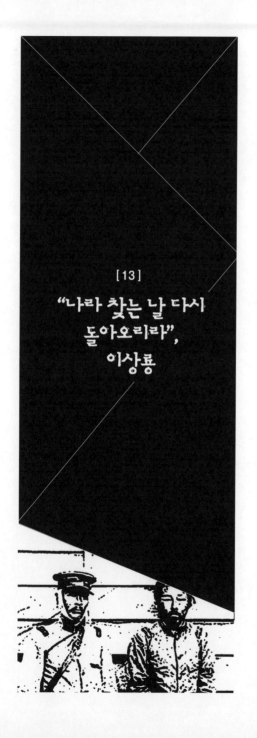

[13]
"나라 찾는 날 다시
돌아오리라",
이상룡

"독립운동하면 3대가 망한다"

1997년 5월 19일 만 아흔의 할머니 한 분이 세상과 이별했다. 이름은 허은. 그 연배의 한국인들 가운데 삶이 평탄한 사람이 어디 그리 흔했을까마는 허은 할머니의 인생도 구절양장 아흔아홉굽이였다. 어려서 시집온 집안은 독립운동가의 집안이었다. 남정네들은 식구들 건사는커녕 사방팔방 돌아다니면서 나라 찾겠다고 발이 부르트기 일쑤였던바 그 많은 식구들을 먹여살리고 입히고 가르치는 일은 거의 여자들의 몫이었다. 해방되기 전이나 후나 고생은 비슷했다. "친일하면 3대가 흥하고 독립운동하면 3대가 망한다"는 속설은 부끄럽게도 진실에 가까웠다. 허은 할머니도 이런 사무치는 회고를 남긴다.

그때 친일한 사람들의 후손들은 호의호식하며 좋은 학교에서 최신식 공부도 많이 했더라. 그들은 일본, 미국 등에서 외국 유학도 하는 특권을 많이 누렸으니 훌륭하게 성공할 수밖에. 그러나 우리같이 쫓겨다니며 입에 풀칠이나 하고 위기를 넘긴 사람들은 자손들의 교육 같은 것은 생각하지도 못했다. 오로지 어른들의 독립투쟁, 그것만이 직접 보고 배운 산교육이었다. 목숨을 항상 내놓고 다녔으니 살아 있는 것만 해도 기적에 가깝다. 지금도 귓가를 스치는 서간도 벌판의 바람소리를 들으며 지나온 구십 평생 되돌아봐도 여한은 없다. 그저 하루하루 연명한 것이 오늘에 이른 것이다. 고달픈 발자국이었긴 하나 큰일 하신 어른들 생각하면 오히려 부끄러울 뿐이다. 그 대신 머지않아 여러 영령들 뵈옵고 이토록 살기 좋은 세상이 된 것을 말씀드릴 생각하면 마음 뿌듯하다. 선열들의 피 흘린 노력의 보람을 오늘 이 나라의 성공에서 찾을 수 있으시겠지.

허은 할머니가 보고 배웠던 '어른' 가운데 대표적인 사람은 다름 아닌 석주 이상룡(1858~1932)이었을 것이다. 허은 할머니는 이상룡의 손주며느리였다.

"공자 맹자는 독립 후에" 외친 선비

온 가족과 일가가 독립운동에 투신한 이른바 '독립운동 3대 명문가'로 일컫는 집안이 있다. 의병장 왕산 허위의 가문, 경주 이씨 이회영 가문, 그리고 고성 이씨 석주 이상룡 가문이다. 이상룡 가문은 아득한 옛날 단종이 수양대군에게 왕권을 찬탈당할 때 그 꼴을 보기를 거부한 이증이라는 사람이 안동에 터를 잡으면서 누대를 이어온 지방 명문가였다. 안동역에서 1킬로미터쯤 떨어진 낙동강변에 임청각이라는 아흔아홉 칸 옛 양반 가옥이 남아 있는데 이것이 석주 이상룡의 생가였다.

이 아흔아홉 칸 가옥은 그 위세를 적잖이 잃어버리고 있는데 중앙선 철도가 가설되면서 임청각 행랑채 태반을 헐고 철로를 놓은 탓이다. 주변 사람들은 이것이 일제의 복수라고 수군거렸다. 한 집안이 몽땅 독립운동에 뛰어든 것에 대한 복수라는 것이다. 석주 이상룡은 경술국치 때 이미 쉰 넷의 유학자였다. 당시에는 손자를 볼 연배였고 환갑상 앞에서 그 재롱을 보며 일가친척의 절을 받고 '이제는 살 날이 멀지 않았구나' 하며 수염을 쓰다듬을 나이였다. 하지만 일찍이 의병에 가담했으며 경술국치를 앞두고는 '역적들의 목을 치라'고 상소를 올린 이 꼬장꼬장한 선비는 전혀 다른 길을 택한다.

"공자와 맹자는 시렁 위에 올려놨다가 국권을 찾은 뒤에 읽어도 된다."

평생 유학 서적을 파 온 유학자의 일갈이었다. 당시 안동의 유림들 가운데에는 국권 상실을 슬퍼하여 스스로 목숨을 끊은 사람이 열 명이 넘었는데 이 순절(?)들 앞에서도 이상룡은 냉담했다.

"우리가 죽으면 쾌재를 부르는 것은 일본이다. 따라서 끝까지 싸우다 죽는 것이 우리가 할 일이다."

그리고 가산을 정리해 고향을 떠나기 전 그는 유학자로서, 또 당시의 안동 분위기에서 까무러칠 만한 일을 벌인다. 지금도 우리가 "무슨 신줏단지 모시듯 하느냐" 하는 관용 어구를 쓰는 것처럼 양반 가문에서는 목숨과도 같았던 신주들을 땅을 파서 묻어 버린 것이다. 기독교인으로 치면 십자가를 밟고 지나간 것과 같은 행동이었다. 그러나 그는 단호했다.

"나라가 없는데 신주가 무슨 소용인가."

"머리 잘릴지언정 무릎 꿇지 않겠다"

을사조약이 있은 해 1만 5천 금을 투자하여 가야산에 항일 기지를 만들기도 했던 이상룡은 가족들과 함께 만주로 향했고 '경학사', 즉 밭 갈며 배우는 이주민 자치단체를 조직한다. 그와 그 동지들의 노고를 통해 끝도 없이 가을바람에 출렁이던

1990년 9월 13일 김포공항에서는 때 아닌 만세 소리가 울려 퍼졌다. 석주 이상룡을 비롯한 5위의 독립운동가 유해가 조국으로 돌아온 날이었다. 독립운동 단체 통의부 간부였던 박위승 옹(당시 91세)은 노구를 이끌고 직접 김포공항에 나와 독립운동가들의 때 늦은 귀환을 맞았다. 대형 태극기로 석주 이상룡의 영정을 감싸던 박 옹은 쩌렁쩌렁하게 외쳤다. "80년 만에 돌아오는 석주 선생을 위해 만세를 부릅시다." 그러면서 만세를 선창하자 공항에 나와 있던 관계자들은 물론 대합실에 있던 수백 명이

동시에 만세를 불렀다. "만세! 만세!" 하늘 저편에서 석주도 웃었으리라. "그래 나 돌아왔도다."

억새밭은 누런 벼들이 고개를 숙이는 논으로 변해 갔다. 만주에서 논농사를 짓게 된 것은 기본적으로 조선 사람들 때문이었다. 이상룡은 만주의 조선 사람들을 묶어 세웠고, 또 중국 옷을 일상적으로 입는 등 현지인과의 조화에도 앞장서면서 항일투쟁에 나선다. 국경을 넘을 때 그의 시를 읽어 보자.

삭풍은 칼보다 날카로워.
나의 살을 에이는데
살은 깎이어도 참을 수 있고
창자는 끊어져도 슬프지 않다.
그러나 이미 내 밭 내 집을 빼앗고

임청각 앞을 지나는 중앙선 철도. 일제의 보복이 맞는다면 참으로 졸렬하고 보복과는 관련 없는 공사라고 하면 참으로 무례하다. 아마도 이상룡은 이 꼴을 보기 싫어서라도 돌아오지 않았을 것 같다.

또다시 내 처자를 넘겨다보니
차라리 이 머리는 잘릴지언정
내 무릎 꿇어 종이 될까 보냐.

이런 사람들이야말로 진짜 선비다.

외교론이나 실력양성론 등 분분한 방안들 가운데에서 이상룡이 견지했던 것은 독립전쟁론이었다. 일단 근거지를 마련하고 그다음에는 무력항쟁에 나설 수밖에 없다는 것이 그의 지론이었다. 상해에서 임시정부가 설립되자 도대체 그게 무슨 '정부'냐며 탐탁치 않게 여기며 각개전투를 벌이던 만주 지역의 독립운동가들을 설득하여 연대를 이룬 것도 이상룡이었고 제멋대로 놀던 임정 대통령 이승만이 탄핵당하고 그 뒤를 이은 박은식도 힘을 쓰지 못하자 임시정부의 '국무령'이 되어 동분서주한 것도 이상룡이었다.

이상룡의 손자며느리인 허은은 "워낙 성품이 관후해서 서로군정서 독판 때 나이 어린 병사들에게도 꼭 공대를 하고 동지라 불렀다"고 증언하기도 했다.

이상룡은 잃어버린 조국을 되찾겠다는 결심만큼은 칼날 같았다. 항일 자금이 모자라자 임청각을 팔겠다며 아들을 국내에 들여보내자 문중에서 '그것만은 안 된다'며 돈을 걷어 주었던 것은 일화 축에도 들지 않는다. 손자가 청년단체의 장으로 추대됐을 때 손자가 자신은 2대 독자이니 가족을 책임져야 한다고 사양하자 "나라도 없는 놈이 무슨 가족을 챙긴다고!"라고 호령하던 위인이었다.

그러나 만주사변 이후 중국인들은 '조선인들 때문에 일본 놈들이 왔다'며 박해하기 시작했다. 손주며느리 허은의 회고에는 이상룡의 집이 마적들에게 습격당하는 장면이 생생하게 등장한다.

추위를 막고자 토담집 벽에다 흙을 한 벌 더 바르고 있는데 마적단 수백 명이 다시 마을을 덮쳤다. 그들은 집집마다 들어가 조금 남아 있는 쌀마저 다 빼앗고는 우리 집에 들이닥쳤다. 마침 사다리 위에서 흙을 바르던 남편을 끌어내려서는 목을 천장 대들보에 매달았다.

마적단 두목인 듯한 자가 "너희 조선놈들이 왜 일본을 끌어들여 우리나라를 뺏기게 하였느냐? 우리도 너희를 죽이겠다"고 했다. 그때는 수중에 한 푼의 돈도 없었다. 대들보에 목이 매달린 남편은 숨이 끊어지기 일보 직전으로 아찔한 순간이었다.

그때 마침 당숙 광민 씨와 길림 중국학교 동창생으로 이웃에 살고 있었던 금테 두른 군인이 뛰어와서 "이 집 사람들은 살려 주라"고 말렸다. 그래도 그놈들은 막무가내로 "조선놈들은 다 죽여야 한다"고 윽박질렀다.

변명할 틈도 주지 않아 부들부들 떨고만 있을 때, 뒤에서 다른 한 금테 두른 이가 쫓아 나와서 말렸다. "이 집은 그렇게 하지 말라. 조선 독립운동을 하는 집안이니 우리가 해칠 수는 없다"고 했다. 그제야 마적 떼는 슬그머니 남편을 풀어 줘서 위기를 모면했다(허은,《아직도 내 귀엔 서간도 바람소리가》).

나라를 빼앗긴 지는 이미 수십 년. 그나마 삶을 영위하며 후일을 도모하던 만주의 중국인들까지 조선인들을 적대하고 나섰을 때 만주 각지의 조선인들의 심경은 미루어 짐작이 간다. 일제는 이런 중국인과 조선인들의 갈등을 끊임없이 조장하고 있었다. 만주의 중국인들이 조선인들을 죽였다는 오보誤報로부터 시작하여 조선의 중국인 수백 명이 며칠 만에 학살당했던 만보산사건은 그 한 예였고 신흥무관학교장 여준과 대한독립군단 참모총장 이장녕이 마적들에게 피살당했다는 소식은 또 다른 단면이었다. 호랑이와 싸우다가 멧돼지에 옆구리를 들이받힌 격이 돼 버린 상황에서 노구의 이상룡은 급격히 기력을 잃어 간다.

임종 직전 대구에서 동생이 찾아왔다. 이미 죽음의 그림자가 얼굴을 뒤덮은 형 앞에서 동생은 통곡한다.

"형님, 이제 그만 고국으로 돌아갑시다. 이렇게 고생하시다니 ……."

한국 사람이라면 이 말에 따라붙는 관용구를 떠올릴 것이다.

"무슨 영화를 보겠다고!"

더하여 동생은 이렇게 울부짖고 싶었는지도 모른다.

"독립운동도 사람 살자고 하는 짓이지 이게 도대체 무슨 꼴입니까. 다 때려치우고 돌아갑시다."

그게 범연한 사람들의 마음일 수밖에 없지 않겠는가. 그러나 이상룡은 죽음 앞에서도 고향에 대한 마음을 내려놓고 있었다.

인생은 다할 때가 있거늘 무슨 개의할 것이 있겠는가? 만주 땅에다 일을 이렇게 벌여 놓고 나만 들어갈 수 없다. 장부가 나라를 찾겠다고 출가해서 피맺힌 한을 풀지 못하였으니 장차 어떻게 선조의 혼령에 사죄하겠느냐? 나는 만주 땅에 씨나 떨어뜨리고 갈 테니, 나 죽고 나거든 남은 가족들이나 들어가게 하겠다.

엉뚱한 소리 같지만 《삼국지》에 등장하는 제갈공명의 임종 장면을 떠올려 보자. 가쁜 숨을 몰아쉬는 제갈량에게 촉의 신하들은 "누구에게 당신 일을 맡기실 겁니까"를 묻는다.

"내 뒤는 장완, 그다음은 비위가 잇도록 ……."

그 말을 들은 사람들은 또 그다음을 묻지만 이미 제갈량은 세상을 뜬 뒤였다. 바로 그처럼 임시정부 대표 이진산이 이상룡에게 물었다.

"선생님, 광복사업은 누구에게 맡기시고 가십니까? 통화

현, 환인현, 영길현 높은 재를 넘으실 때, 기력이 강건하셔서 독립사업 성공하는 걸 보실 줄 믿었습니다. 나랏일이 암담하니 한말씀 주십시오."

그러자 천하 통일의 뜻을 이루지 못하는 안타까움을 뼈에 사무치게 토로했던 제갈량처럼 이상룡 역시 격정적이지만 서글픈 유언을 남긴다.

변변치 못한 사람이 외람되게 여러 동지들의 추천으로 중책을 맡아 조그마한 공로도 없이 죽을병에 이르렀으니, 마침내 눈을 감지 못하는 귀신이 될 것 같아서 참으로 마음이 아프네. 원컨대 여러 동지들은 외세 때문에 스스로 기운을 잃지 말고 더욱 힘써서 이 늙은이의 소망을 저버리지 말게나. 우리 사람들이 귀중하게 여기는 것은 성실뿐이네. 진실로 참다운 성실이 있으면 어떤 목적이라도 달성하지 못함을 근심하겠는가?

1932년 6월 15일 임시정부 3대 국무령 석주 이상룡은 숨을 거두었다. 인근의 조선 사람들이 모여든 가운데 장례가 치러졌고 그의 유해를 조선에 옮기기로 했지만 그 길은 결코 평탄하지 않았다. 이미 조선 사람들이라면 이를 갈던 마적들이 또 길을 가로막았다. 모든 물건을 탈탈 털어 버린 마적들이 이상룡의 관까지 뜯어내려 하자 손주며느리 허은은 시집올 때부터 간직했던 저고리와 치마까지 건네야 했다. 마적들은 그 옷감을 갈가리 찢어 총에 매달고서 날뛰었다니 그 공포와 암담함이 오죽했으랴. 마적들은 조선인들에게 살던 곳으로 다시 돌아가라고 명령했고 이상룡의 유해는 만주에 묻혔다. 본의 아니게 그의 유언이 지켜진 것이다. 사람들은 이상룡의 유언을 떠올리며 중얼거렸다.

"이 어른의 영이 있긴 한 모양이다."

독립이 되면 자신을 고향 땅에 데려 가라는 이상룡의 유언도 지켜졌다. 그러나 너무 뒤늦게 지켜졌다. 1990년 9월 2일 일단의 한국 공무원들과 유족들이 중국 흑룡강성 아청시에서 이상룡의 유해를 모시고 들어왔던 것이다. 해방된 지 45년이 지나도록 그는 고향 땅을 밟지 못했다.

독립운동가에게 국적도 주지 않는 조국

그의 집안에 독립운동 훈포장을 받은 이가 아홉 명이 넘고 더 많은 이들이 할아버지의 뜻을 이어 일제와 싸웠지만 그 후과는 참담했다. 외아들 준형은 만주에서의 고단한 삶을 정리하고 국내로 들어왔지만 일제의 계속되는 회유에 시달리다가 "일제하에 사는 것은 수치일 뿐이다"라며 칼로 목을 찔러 자결했다. 그 손자는 끝까지 만주에서 투쟁하다가 감옥에서 해방을 맞았고 해방 이후에는 남로당원으로 활동하다가 전쟁

중 병사했다. 해방된 조국의 군경의 총에 죽지 않은 것이 그나마 다행이라고 해야 할까. 그리고 그 증손자는 고아원에 맡겨지기까지 하는 등 곤궁한 삶을 살아야 했다.

이상룡의 유해는 돌아왔지만 그는 이후로도 오래도록 무국적자로 남아 있었다. 대한민국의 호적은 일제의 호적을 그대로 이어 받은 것이어서, 단재 신채호나 이상룡 등 일제의 호적을 거부한 많은 이들이 그 국적을 인정받지 못했던 것이다. 이것이 바로잡힌 것은 2009년이다. 이상룡이 고향을 떠난 근 100년 만에 이상룡은 후손들의 나라의 국적을 회복한다. 그러나 여기에도 서글픈 얘기가 있다. 국적 회복 관련 법률은 제정됐지만 그 뒷처리는 개인에게 떠맡겨졌기에 이후 변호사 비용 등 무려 500만 원 가까운 비용을 부담해야 했던 것은 이상룡의 후손이었다는 사실이다.

임청각에는 이상룡의 시 한 수가 남아 있다고 한다.

"슬퍼 말고 옛 동산을 잘 지키라. 나라 찾는 날 다시 돌아와 살리라 好住鄕園休悵惘 昇平他日復歸留."

그는 돌아왔다. 너무나도 늦었지만.

이상룡

대우구의 가을 밤

이불이 낡고 낡아서 차갑기가 서리 같은지라
나그네가 긴긴 가을밤에 잠을 이루지 못 하네.
꿈결의 혼은 아득한 만 리 고향으로 달려가거늘
현재의 집은 숲으로 사방이 막힌 산중에 있네.
황금은 손님과 친구들을 좇아서 다 흩어졌고
백발은 그간 흘러간 세월을 자못 놀라게 하네.
죽지 않고서는 잊을 수 없는 일이 하나 있으니
허리춤에서 때때로 용천검이 노하여 우는 듯 하네.

大牛溝秋夜

布衾年久冷如霜

遠客無眠秋夜長

故國魂歸雲萬疊

窮山家住木千章

黃金盡逐賓朋散

白髮偏驚歲月忙

未死難忘惟一事

腰間時吼怒龍光

– 만주로 망명한 뒤 가족과 함께 머물던 대우구라는 곳에서 이상룡이 읊은 시

"총구는 조국의 눈이다",
독립군 기관총 중대장
최인걸

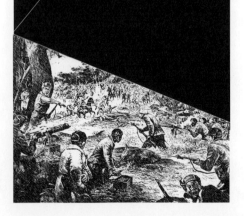

무적의 체코군단 대한독립군을 만나다

1차 세계대전과 러시아혁명 와중에 유라시아 대륙을 극에서 극으로 누비고 다녔고 '끈 떨어진 갓'의 신세에도 불구하고 가장 오랫동안 싸우면서 의연하게 혈로를 뚫어 끝내 성공적인 장정을 마친 부대가 있다. 이름하여 '체코 군단.' 이 부대는 원래 오스트리아 제국의 통치 하에서 징집되었다가 탈주하거나 그전에 망명했던 체코인들로 조직된 부대였다. 이들은 동부전선에서 자신들의 압제자와 한패였던 독일군에 맞서 싸웠는데 러시아혁명이 일어나고 혁명정부가 독일과 강화를 맺으면서 그 처지가 오묘해진다.

연합군측은 러시아에 이들을 돌려보낼 것을 요구했다. 이에 러시아는 순순히 응하지 않았다. 결국 체코 군단은 유라시아 대륙을 가로질러 블라디보스토크로 가서 배를 타고 귀환하는, 실로 엽기적인 경로를 택할 수밖에 없었다. 러시아 정부가 옛 러시아제국군의 일원이었던 이 이방인들을 탐탁지 않게 여겼고, 러시아의 서부 국경지대는 내전의 소용돌이에 휘말려 있었기 때문이다. 열차를 타고 시베리아를 횡단하면서 이들은 많은 무용담을 남긴다. 적군赤軍이 체코 군단의 무장을 해제하려 하자 그들은 간단하게 적군을 무찌르고 한 도시 일대를 점거하기도 했다. 러시아 백군白軍을 도와 싸우기도 했던 그들은 열차에서 신문을 발행했고 우체국을 운용하기도 했으며, 탈취한 금괴들까지 잔뜩 싣고 달렸다.

그들은 우여곡절 끝에 블라디보스토크에 닿았고 협상 끝에 안전한 귀국을 허락받는다. 그때 그들에게 접근한 사람들이 있었다. 바로 대한독립군 북로군정서 조직원들이었다. 1919년 결성된 대한정의단과 그 산하의 대한군정회가 대한군정부로 통합하고 상해 임시정부의 지시로 대한군정서로 바뀌었는데 이를 서로군정서군과 대비해서 부른 이름이 북로군정서다.

"이제 당신들이 필요한 건 무기가 아니라 돈이지 않겠소? 충분치는 않지만 이것을 받고 당신들의 무기를 건네 주시오. 우리는 오스트리아의 지배를 받았던 당신들처럼 일본에 나라를 빼앗긴 한국인들이오."

기관총 박격포 중무장한 독립군

북로군정서가 건넨 것은 만주 지역 도처에서 살아가던 한국인들이 피 같은 돈을 모아 만든 군자금이었다. 그리고 금비녀니 금반지니 비단보자기니 하는 잡동사니 패물들까지도 포함돼 있었다. 체코 군단은 이 변변찮지만 이 절절한 재물과 무기를 바꾸기로 한다.

이들은 체코슬로바키아가 오스트리아 제국 식민 통치 아래서 겪어 온 노예 상태를 떠올렸고 우리에 대해 연민을 표시했다. 결국 체코슬로바키아 망명군대는 그들이 보관하고 있던 무기를 북로군정서에 판매하기로 했다. 무기 거래는 깊은 숲속에서 한밤중에 이뤄졌다. 이러한 무기들은 우리 진영으로 옮겨져 숲속에 무더기로 쌓아놓았다(이범석, 《우둥불》).

갑오농민전쟁 때 화승총과 죽창으로 무장한 농민군들이 관군의 개틀링 기관총에 맞서다가 몰살당한 이래 한국의 무장 세력이 일본에 대등한 무기로 맞선 적은 한 번도 없었다. 하지만 이제는 사정이 달랐다. 1천 2백 정의 소총과 80만 발의 탄약, 박격포 2문과 기관총 6정 등의 무기가 북로군정서 대원들의 손에 들어온 것이다. 아울러 만주의 조선인들이 애써 간직하다가 내놓은 패물들, 금가락지들, 비단보자기들은 체코 군의 손에 넘어갔다. 고달픈 역사는 반드시 오묘한 흔적을 남긴다. "요즘도 체코에서는 조선의 금가락지와 금비녀·옥구슬을 간직한 체코 군단의 후손들이 심심치 않게 나타난다고 한다"(《인터넷한국일보》 2008. 5. 14). '프라하의 금비녀' 영화 제목 같지 않은가.

1921년 10월 21일 시작된 청산리 전투에서 독립군이 사용한 무기는 바로 체코 군단의 손때가 묻은 무기들이었다. 김좌진 부대와 홍범도 부대의 연합부대는 같은 피압박 민족의 군대로부터 건네 받은 총알을 모처럼 시원스럽게 퍼부어 댔다.

"총구는 조국의 눈이다. 총알은 조국의 선물이다."

며칠 동안이나 계속된 전투였다. 아무것도 먹지 못하고 하루 종일 싸운 독립군들을 위해 인근 조선인들은 주먹밥에 소금을 쳐서 포탄을 무릅쓰고 져 날랐고 독립군들은 밥 한 입에 총 한 방씩을 쏘며 싸움을 멈추지 않았다. 마침내 어랑촌이라는 곳에서 마지막 혈전이 펼쳐진다. 어랑촌은 함경북도 경성의 어랑사 출신의 한국인들이 개척한 마을이라 붙여진 이름이었다.

청산리 전투는 홍범도 부대와 김좌진, 이범석 부대가 연합하여 치른 전투로 독립군 병력은 최소 1천 2백 명 이상이었다. 이 가운데 우리는 몇 명의 이름을 기억하고 있을까. 역사에 남아 있는 이름을 헤아리는 데는 열 손가락으로 충분할 것이다. 1983년 이장호 영화감독은 일종의 '국책영화'로 이 청산리 전투를 그린 〈일송정 푸른솔은〉을 만들었다. 당시 영화의 말미에는 청산리 전투 참전자였던 이우석 옹이 등장한다. 배우 신구의 내레이션을 통해 이우석 옹은 이렇게 말했다.

기관총에 몸 묶고 결사항전

일본군이나 독립군이나 외나무다리였다. 지형은 독립군들이 유리했지만 일본군의 병력과 화력은 압도적이었다. 맹렬하게 밀고 올라오는 일본군을 향해 불을 뿜던 기관총 하나가 갑자기 침묵한다. 기관총 사수가 총에 맞은 것이다. 여인네들의 금비녀와 아이들 돌반지와 바꿨던 단 6정의 기관총 중의 하나였다. 그러자 기관총 중대장 최인걸(?~1920)이 달려들었다. 그는 기관총을 자신의 몸에 묶어 버린다. 절대로 몸에서 떼지 않고 총에 맞더라도 죽을 때까지 방아쇠를 당기겠다는 각오였다. 그리고 총알이 떨어질 때까지 일본군을 향해 기관총을

"참전한 동지들은 모두 전사하거나 병사하거나 이제 남은 건 나 혼자야. 나도 머지않아 곧 죽겠지. 하지만 이 늙은이 죽기 전에 소원이 하나 있소. 두 동강 난 이 조국이 제발 살아생전 통일되는 것을 보고 싶소. …… 우리 같이 남의 나라에서 죽어라 싸워야 하던 그들이 얼마나 안타깝겠어. …… 요즘 젊은이들은 나라가 먹고 살 만해지니까 이 나라를 지켜 낸 분들을 너무 기억하지 않는 것 같아. 조금이라도 그분들의 고마움을 기억해 줬으면 좋겠어."

난사하다가 집중 사격의 대상이 되어 죽는다.

 아, 나는 북로군정서 소년병 최인걸
 자랑스런 대한독립군의 기관총 사수였다
 지금도 나는 꼭 한 번만 더 살아나고 싶구나
 언제고 한 번만 더 살아 일어나서
 하나 남은 기관총에 다시 허리를 묶고
 끊임없이 이 땅에 밀려오는 저 적들의 가운데로
 방아쇠를 당기며 달려가고 싶구나
 밀림 속에 숨어 아직도 돌격 소리 그치지 않는
 저 새로운 음모의 한복판을 향해
 빗발치는 탄알 소리로 쏟아지고 싶구나
 늦가을 달 높이 뜬 삼천리 반도를 오가며
 그때 부르던 기전사가 다시 부르고 싶구나
 ─ 도종환, 〈기전사가祈戰死歌〉.

　만주 벌판에서 살아 갔던 수많은 흰옷 입은 조선인들, 또는
대한국인들은 그렇게 열심히 싸웠다. 비녀 빼고 반지 내놓아
마련한 무기로 싸우는 군인들뿐만이 아니었다. 그들의 주린
배를 채워 주기 위해 노인들이, 아낙네들이, 아이들까지도 허
리가 두 동강이 나는 포탄의 바다를 주먹밥 지고 헤엄쳐 나갔
다. 일본의 침략이 더욱 거세져 만주를 유린한 이후, 그 세가

미약해졌을지언정 그 이전의 적잖은 세월 수많은 이들이 이름도 없이 빛도 없이 '대한독립' 네 글자를 위해 죽어 갔다.

나는 21세기에 친일파 척결 운운하는 소리를 믿지 않는다. 친일파들의 재산을 몰수하고 어쩌고 하는 것은 프롤레타리아 혁명보다도 어렵다. 하지만 최소한 평가는 필요하다. "어쩔 수 없었다"는 변명을 들어 주려면 만주 벌판에서 대한독립을 위해 맞아죽고 얼어죽어 간 이들에게 "진심으로 미안하고 사죄한다"는 참회가 선행되어야 하며, 이미 죽은 지 오래된 친일파 척결을 못 할 바에야, 독립된 나라를 위해 죽어 간 이들의 무게는 '실력양성론'을 펴면서 한세상 살았던 이들보다는 더 무거워야 한다.

청산리 전투에서 기관총을 제 몸에 묶고 총신이 달궈지도록 쏘다가 죽어 간 최인걸은 기관총 중대장으로 기록돼 있으나 우리는 그가 몇 년도에 태어났는지, 나이가 몇인지조차 모른다. 시인은 소년병 최인걸을 노래했으나 그가 홍안의 소년이었는지 자식과 아내를 두고 총을 잡았던 청년인지, 아니면 귀밑머리가 희끗해진 중년이었는지는 아무도 모른다. 언제 태어나고 죽었는지도 모르게, 그야말로 이름도 없이 빛도 없이 사위어 간 별들이 있었기에 우리 역사는 어둡고 어둡되 칠흑으로 뒤덮이지는 않았다.

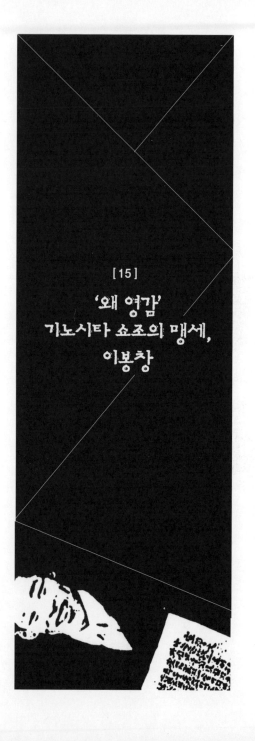

[15]

'왜 영감'
기노시타 쇼조의 맹세,
이봉창

"원수들이 강하다고 낙심할 건가"

80년대 대학가에서 즐겨 불린 노래 가운데 〈이 산하에〉라는 것이 있었다. 1절은 동학농민봉기를 노래하고 2절과 3절은 각각 3·1항쟁과 북만주에서의 독립투쟁을 형상화한 노래였다. 2절 가사는 이렇다.

"기나긴 밤이었거든 죽음의 밤이었거든. 춘삼월 하늘에 출렁이던 피에 묻은 깃발이어든. 목 메인 그 함성 소리 고요히 이 어둠 깊이 잠들고 바람 부는 묘지 위에 취한 깃발만 나부껴 나는 노여워 우노라."

3·1항쟁은 장렬하지만 실패했다. 실패했으나 끝나지는 않았다. 이후 조선인들은 압록강을 건너고 서해 바다를 뛰어넘어 타국에서 조국을 향해 칼을 갈고 총알을 재고 폭탄을 품었다. 그러나 그것은 악문 이가 부서져 나갈 만큼 힘겹고 아픈 시간이었다. 〈이 산하에〉 3절은 그래서 더욱 비감하다.

"기나긴 밤이었거든 투쟁의 밤이었거든 북만주 벌판을 울리던 거역의 밤이었거든. 아아 모진 세월 모진 눈보라가 몰아친다 해도 붉은 이 산하에 이 한 목숨 묻힌다 해도 나는 쓰러지지 않아라."

힘 닿는 데까지 싸웠으나 적은 더욱 강성해졌고 우리가 하나를 죽이면 적은 열을 죽이면서 목을 죄어 왔다. "원수들이 강하다고 낙심할 건가 우리들이 약하다고 절망할 건가"(〈신독립군가〉 중)를 부르짖으며 어깨를 펴 보는 것도 한두 번이었다. 식민지 조선 사람들의 가슴에는 암울한 기운이 점차 땅거미처럼 내려앉기 시작했고 쓰러지지 않겠노라 다짐하던 사람들도 하나 둘 꺾이거나 쓰러져 갔다. 국내에서는 그 분위기가 더욱 칙칙했다. 1925년 국내에 잠입했던 심산 김창숙의 한탄에는 그 안타까움이 흥건히 배어 난다.

"내가 이번에 위험을 무릅쓰고 들어온 것은 나라 사람들이 호응해 줄 것을 진심으로 기대했던 것이오. 전후 8개월 동안 겪어 보니 육군六軍(천자의 군대, 즉 대군)이 북을 쳐도 일어나지 않을 지경이고 방금 왜경이 사방으로 깔려 수사한다니 일은 이미 낭패됐소."

이런 판에 일본제국주의는 계속 욱일승천이었다. 1931년 9월 30일 일본은 만주사변을 일으켜 동북 군벌 장학량張學良의 군대를 몰아내고 만주를 점령한다. 무장항일투쟁의 근거지가 와해된 셈이었다.

어차피 죽은 목숨

그렇게 긴박하게 동시에 암담하게 물색이 돌아가던 1931년 12월 13일 중국의 국제도시 상해의 밤거리. 두 남자가 사진관으로 보이는 건물로 찾아들었다. 중국 복색의 한 청년이 카메라를 준비하고 있었는데 촬영용 소품이 영 예사롭지 않았다. 일단 태극기가 있었고 그 위에 먹으로 굵게 쓴 선서문이 단정하게 놓였고 또 그 위로는 폭탄 두 개가 그 쇳빛을 발하며 얹어져 있었다.

그 소품들 앞에 선 중년의 신사와 서른 정도 되어 보이는 청년 두 사람은 조선말을 쓰고 있었지만 청년 쪽은 좀 수상했다. 그의 조선말 발음이 어딘가 어색했던 것이다. 일본인 특유의 혀 짧은 소리가 간간히 배어 나왔고 오히려 가끔 튀어 나오는 일본어 단어의 발음 쪽이 더 매끄러운 편이었다. 묵직한 인상의 중년신사가 말했다.

"이 군. 폭탄을 들게. 사진을 찍어야지."

그러자 이 군이라 불린 청년은 쾌활하게 대답했지만 그 내용은 정반대의 것이었다.

"저는 어차피 거사를 결행하면 죽을 목숨입니다. 고향의 형에게 보낼 사진 먼저 찍었으면 합니다."

카메라 앞에 선 청년은 이봉창(1901~1932). 그는 실로 천진스런 미소를 지으며 그의 마지막 독사진을 찍는다. '어차피 죽을 목숨'이었다지만 그의 얼굴에 그늘 같은 것은 조금도 드리워지지 않았다. '거사를 결행'할 사람의 비장함 같은 것도 없었다. 폭탄을 손에 쥐고 있었지만 그 표정은 마치 장난감을 쥔 어린아이처럼 해맑은 미소를 짓고 있었다.

폭탄을 들고 포즈를 취한 뒤 이봉창은 한인애국단 가입 선서문을 읽었다. 선서문을 읽어 내릴 때만큼은 그도 웃음을 멈추었을 것이다.

"나는 적성赤誠으로서 조국의 독립과 자유를 회복하기 위해 한인애국단韓人愛國團의 일원이 되어 적국敵國의 수괴首魁를 도륙屠戮하기로 맹세하나이다."

그의 손에 쥔 것은 일본의 천황을 죽일 폭탄이었다.

이봉창은 그의 짧은 생애 조선 이름보다는 일본 이름 기노시타 쇼조로서 더 오래 살았다. 보다 정확하게 말하자면 그는 일본인이 되기 위해 안간힘을 쓰며 어린 시절과 젊은 날을 다 바쳤다. 하지만 그는 식민지 조선 백성으로서의 포한抱恨을 일찌감치 깨우쳐야 했다. 용산역 역무원으로 근무할 때 저능아에 가까운 일본인들, 그래서 사고를 도맡아 저지르는 이들도 일본인의 핏줄이라는 이유만으로 조선인들을 누르고 척척 승진하는 것을 보며 그는 탄식한다.

"뭘 해도 일본놈의 X에서 떨어져야 한다니까."

그런데 이봉창이 그 차별을 극복하고자 택한 길은 더욱 완벽한 일본인이 되는 것이었다.

일본 신민으로 살고자 했으나 ······

그렇게 10년이 지나고 그는 우리말보다 일본어가 더 유창한 존재가 되어 있었다. 훗날 상해에 왔을 때 얻은 별명조차 '왜영감'이었다. 그것은 조센징의 꼬리를 밟히지 않으려는 악전고투의 흔적이었다. 결국 천황 폐하의 충량한 신민으로 대접받기 위해 발버둥쳤던 그의 혀에는 자신의 모국어보다 일본어가 더 차지게 달라붙었던 것이다. 그러나 이봉창은 그렇게 성실히 노력했음에도 조센징이라는 것이 밝혀진 순간 아무 이유 없이 구금당하거나 일당이 터무니없이 깎여 나가는 등의 수모를 여러 번 겪었다. 그러한 좌절을 겪은 뒤에는 무시로 결근을 해 버리거나 공금을 유곽에서 소진하는 등 요즘 말로 '개념 없는' 삶에 빠지기도 했다. 그 절망의 뒤에는 일본인의 수군거림이 따라붙었다.

식민지

청년 이봉창의 웃음. 그의 짧고도 고단한 생애 동안 그가 저렇게 활짝 웃어 보았던 것이 몇 번이나 될까. 일본인이 되고 싶어했으나 일본인이 될 수 없었고, 일본인이고 싶었으나 일본인이기를 거부당했던 식민지 청년. 저 웃음 앞에서 목이 메어 온다. 그렇게 행복하게 살 수 있는 사람이었는데. 저리도 넉넉히 웃으며 가족들 거두고 일상을 엮을 수 있는 사람이었는데.

"조센징이었군. 역시 본색은 속일 수 없군."

"조센징은 역시 어쩔 수 없군."

"감쪽같이 속을 뻔했네. 음흉한 놈."

"조센징 놈들은 항상 뒤통수를 친다니까."

어느 날 그는 그런 생각을 한다.

"조선 백성으로서 이왕을 뵙지도 못했고 경술병합 후에는 천황 폐하의 신민으로서 천황의 얼굴을 우러르지도 못했으니 이건 부끄러운 일이다."

그의 정체성의 혼란이 어느 정도였는지를 짐작케 하는 각성(?)이었다. 그는 일본 천황의 즉위식에 참석코자 여비 들이고 다리품 팔아서 교토로 왔는데 그만 일본 경찰의 검문에 걸린다. 한글 편지를 발견한 일경은 다짜고짜 그를 '보호 유치' 했고 유치장에서 며칠을 썩게 만든다. 이 며칠은 충량한 일본 신민으로 살고자 했던 이봉창의 머릿속을 휘저어 놓았다.

기노시타 쇼조에서 대한의 이봉창으로

마침내 3·1운동을 겪으면서도 별 느낌이 없었던 황국 신민 기노시타 쇼조는 더 이상 일본인이 되기를 포기하고 "독립운동 한다는 자들이 왜 일본 왕을 죽일 생각을 않느냐?"고 혀 짧은 소리로 기염을 토하는 묘한 존재로 김구 앞에 나타난다.

한동안 이봉창을 면밀히 지켜보던 김구는 이봉창에게 임무를 맡길 결심을 하게 되고, 거액의 거사자금을 이봉창에게 건넨다. 이는 이봉창에게 감전과 같은 감동을 불러일으킨다.

"선생님 저를 어떻게 믿고 이런 거금을 주십니까. …… 선생님은 프랑스 조계 밖으로 한 발짝도 나오지 못하는 분이시니 제가 이 돈을 가지고 어디론가 도망가면 어쩌시려고 그랬습니까. 과연 영웅의 도량이로소이다"라고 눈물겨워하는 가운데, 한 불행했던 식민지 청년의 속을 가늠하는 한마디를 토해 놓는다.

"제 일생에 이런 신임을 받은 것은 선생께 처음이요, 마지막입니다."

일본인이 되고자 발버둥쳤으나 별 수 없는 조선인이었고, 충성을 다했으나 배신으로 돌려받은 그의 일생에서 그는 '처음이자 마지막으로' 자신의 가치를 믿고 인정하는 사람들을 만났고, 이것이 자신이 해야 할 일에 대한 철저한 자각과 확인으로 전화된 것은 아니었을까. 1931년 12월 13일 그토록 환하게 웃으며 카메라 앞에 설 수 있었던 이유는, 며칠 뒤 이별의 시간에 한 젊은이를 사지로 내모는 것을 슬퍼하며 김구가 눈물을 흘릴 때 "큰일을 치를 건데 웃으면서 보내 주십시오"라고 끝까지 껄껄거릴 수 있었던 까닭은 온갖 허위의식에서 벗어나 자신이 서 있을 곳을 발견한 사람의 여유요, 기쁨이 아니었을까.

한 청년이 환하게 웃으며 자신의 마지막 사진을 위해 카메라 앞에 섰다. 그 태양 같은 미소 앞에서도 좀체 마음이 밝아지지 않는 건 그 웃음 뒤에 가려진 그의 고단했던 삶의 굴곡 때문일 것 같다.

* 이 꼭지는《기노시타 쇼조 천황에게 폭탄을 던지다》(배경식 지)를 근간으로 함

이봉창

"나는 김구로부터 부추김을 받아 결국 그런 마음이 생겨 천황 폐하에 대해 난폭한 짓을 했습니다만 오늘에는 굳이 김구를 원망하지는 않으나 그 사람의 부추김에 놀아난 나 자신의 어리석음을 원망하고 있습니다. 나의 어리석음으로 엄청난 짓을 해 참으로 변명의 여지가 없다고 생각하고 있습니다."

이봉창의 최후 진술로 알려진 말이다. 배신과 변절을 상상할 수도 있겠으나 인간 이봉창의 평범함을 다시 한 번 느껴 볼 일이다. 목숨도 아깝고 가족 생각도 나고 생에 대한 미련도 바짝 살아난 보통 사람. 혁명의 감화도, 학문과 지식의 세례도 별반 받지 못했던 한 식민지 청년의 분노와 절망, 그 '보통 사람'을 다시 본다. 위의 말이 사실이라 해도 우리가 그를 기억하고 기려야 할 이유는 조금도 줄어들지 않는다.

[16]

1923년 경성을 뒤흔든 10일의 주인공, 김상옥

김상옥, 경성을 뒤흔들다

"생사가 이번 거사에 달렸소. 만약 실패하면 내세에서나 봅시다. 나는 자결하여 뜻을 지킬지언정 적의 포로가 되지는 않겠소."

날카로운 눈매에 콧수염을 단정하게 기른 한 남자의 입에서 흘러나온 소리였다. 주위를 둘러싸고 있던 사람들도 일시에 숙연해졌다. 비장한 한마디를 남긴 사람의 이름은 김상옥 (1890~1923). 그가 말한 '거사'는 상상을 뛰어넘는 것이었다. 국내로 잠입하여 사이토 총독을 죽이겠다는 것. 권총 4정과 실탄 8백 발과 폭탄이 담긴 나무 상자를 매만지던 그의 머릿속에는 잡다한 추억들이 스쳐갔다.

우선 구한말 군인이었던 완고한 아버지의 얼굴 그리고 말발굽 제조공으로 가난과 싸워야 했던 어린 시절이 떠올랐다. 뭔가 배우고 싶어도 가난 때문에 엄두도 못 내던 때, 그는 어머니에게 이렇게 얘기했었다.

"어머니 3년 만 공부시켜 줘요."

하지만 집안 형편상 되지 않을 소리였다. 그래도 배우고 싶은 마음을 끊을 수 없어서 "낮에는 대장간에 가서 일을 하고 밤에는 야학을 하는데 시간이 급하여 방에도 못 들어앉고 마루에서 주는 것을 받아 서서 퍼먹고 갈 때에 그저 체할라 체할라"(어머니의 회고–김상옥 기념사업회 홈페이지) 걱정을 들으며 교회 부설 야학에서 호롱불과 씨름하던 추억도 아롱졌고, 약장수로 돌면서 눈에 담았던 조선 팔도의 풍경들과 1913년 동료들과 함께 조직했던 '대한광복회'의 면면들이 뒤를 이었다.

착하기만 했던 아내와 남매의 얼굴까지 되짚은 뒤에는 스물여덟에 만나 열렬히 사랑했던 여인 장씨의 얼굴이 아침 해처럼 밝아왔을 것이다. 기미년 3·1항쟁 때 일본 경찰이 한 여학생에게 칼을 내리치려는 것을 보고 자기도 모르게 몸을 날려 경찰을 때려눕힐 만큼 대담했던 김상옥은 비장한 봉기와 참담한 진압을 지켜보면서 자신의 안락한 미래를 버린다. 1920년 총독 암살 음모를 꾸미다가 발각돼 서른 두 살의 나이로 상해로 망명했는데 다시 밀입국하여 상해까지 데려간 사람이 바로 장씨 여인이었다. 어린 시절 아버지에게 몽둥이로 맞으면서도 기독교 신앙을 포기하지 않았던 그였지만 장씨와의 사랑 때문에 교회에서 나와야 했을 만큼(《동아일보》 1923. 3. 15) 애틋했고 그녀 역시 김상옥에 연루돼 일제 경찰에게 엄청난 곤욕을 치렀다. 상해로 탈출한 뒤 장씨는 경찰서에서 '맞은 여독으로 상해의 여관에서 영이별을 하고 말았'으니까 말이다(위 신문기사). 이제 김상옥에게 일본은 나라를 빼앗은 도적이자 소중한 사랑을 때려죽인 철천지원수가 됐다. 의열단에 가입한 김상옥은 글머리의 각오를 남기고 복수의 화신이 되어 2년여 만에 고국으로 돌아온다.

종로경찰서는 의열단을 비롯한 독립운동가들에게는 원수의 소굴이었다. 영화 〈암살〉에서 이정재가 눈앞에서 죽어 가는 동료들을 보면서 변절을 택한 바로 그 현장이기도 하다. 숱하게 많은 이들이 그곳 취조실에서 몸이 부서졌고, 이후 형장의 이슬로 사라졌으며, 일본 정예 경찰력이 집결해 있던 일종의 심장부였다. 그런데 1923년 1월 12일 밤 8시 일제의 간담을 내려앉히는 일이 벌어진다. 종로경찰서에 폭탄이 떨어진 것이다.

원수의 소굴 종로서에 터진 폭탄

원래 김상옥 일행은 사이토 총독이 종로경찰서 앞을 지나간다는 정보를 입수하고 대기 중이었다. 그런데 김상옥의 동료가 불심검문에 체포되어 일이 틀어지자 김상옥이 떡 본 김에 제사 지낸다고 폭탄 성능도 시험할 겸 원한에 사무친 종로서 경무계 창문 안으로 폭탄을 던져 버린 것이었다. 일찍이 칼 앞에 맨몸으로 뛰어들었던 김상옥, 귀국하면서 세관 보초를 때려눕히고 유유히 압록강 남쪽을 밟았던 간 큰 사내 김상옥은 난리가 난 종로경찰서를 뒤로하고, 한치의 당황함도 없이 경성의 어둠 속으로 스며들었다(종로경찰서 폭탄 투척의 경우

다른 사람이 했다는 이설도 있다).

이후 그는 후암동의 매부의 집에 숨었다. 서울역 근처에 은신했다가 서울역에 행차하는 사이토 총독을 때려잡을 계획이었다. 그런데 그 집에 기거하던 여자의 오빠가 하필이면 종로경찰서에 근무하고 있었다. 끄나풀의 밀고로 종로경찰서 형사대가 출동했다. 선봉은 종로경찰서 유도 사범 다무라였다.

김상옥 이야기를 하면서 나는 몇 번이나 고개를 갸웃거렸다. 아니 왜 이 사람의 스토리가 영화화되지 않은 것일까. 이렇게 역사적 현실과 러브 라인과 화려한 액션과 극적인 감동과 손에 땀을 쥐는 전투신이 다 들어있는 스토리가 또 어디 있단 말인가. 하지만 내 머리 한켠에선 이런 대답이 돌아왔다. "너무 비현실적이잖아. 1대 1,000의 총싸움이라니." 그렇다. 하지만 김상옥은 실제로 그 모든 것을 품었고 뿜어 냈고 불꽃처럼 사람들을 놀래킨 뒤 불똥이 식민지의 마른 잎 사이로 스며든 불덩이였다.

14명의 경찰이 집을 에워싼 상황에서 김상옥은 놀라운 사격 실력을 발휘하면서 현장을 빠져나간다. 유도 사범 다무라는 유도 실력을 발휘할 새도 없이 총 맞은 귀신이 됐고 나머지 경찰은 닭 쫓던 개가 되어 버렸다.

바야흐로 경성은 발칵 뒤집혔다. 종로경찰서에 폭탄이 터지더니 용의자를 잡으러 간 종로경찰서의 유도 사범이 죽고

김상옥의 그날을 목격한 후일의 한국 서양화단의 거목 구본웅이 남긴 스케치. 김상옥의 모습은 보이지 않으나 눈에 선연하다. 저 말도 안 되는 포위 속에서 김상옥은 두려워하지도 않고 포기하지도 않고 끝까지 싸웠다.

경부 두 명이 중상을 입었다. 그러고도 범인은 바람같이 사라지다니 ……. 경성 내 전 경찰력이 눈을 까뒤집은 가운데 김상옥은 또 한번 대담함을 과시했다. 남산을 타고 도망가서는 오늘날 금호동에 있던 한 절에 잠입, 가사와 장삼을 빌려 입고 경성 시내로 재진입한 것이다.

사람이 운이 좋은 것도 한두 번이지, 그렇게 아슬아슬한 고비를 넘겼으면 제 집 드나들 듯 하던 중국쯤으로 도망을 갔어도 좋았으리라. 하지만 김상옥의 발걸음은 무조건 경성 도심으로 향하고 있었다. 사이토 마코토 총독 가까운 곳, 여하튼 그를 잡을 수 있는 곳. 그가 스며든 것은 오늘날의 종로구 효제동(2010년 서울시는 종로구 인의동부터 종로 6가 28번지까지를 김상옥로로 명명했다)이었다.

1,000대 1의 총격전

하지만 일본 경찰의 사냥개들은 결국 김상옥의 냄새를 맡았다. 1월 22일 김상옥의 위치를 확인한 일본 경찰은 김상옥 한 명을 잡기 위해 경기도 경찰부장 지휘 하에 무려 1,000여 명의(400명이라는 설도 있다) 무장경관을 동원하여 효제동 일대를 에워싼다. 그로부터 장장 3시간 35분 동안 김상옥은 쌍권총을 들고 인근의 지붕을 타고 오르내리면서 1,000대 1의 총격전을 벌인다. 지레 겁먹지도 않았고 함부로 포기하지도 않앉다. 몸에 열한 발의 총알을 맞으면서도 그는 끝까지 침착했다. 진두에서 지휘하던 서대문 경찰서 경부 구리다가 그 희생양이 됐고, 수십 명의 일본 경찰이 부상을 입거나 죽었다. 이윽고 마지막 순간 한 발 남은 총탄으로 그는 대한독립만세를 부르짖은 뒤 스스로 목숨을 끊는다.

1923년 1월 12일부터 1월 22일까지 경성을 뒤흔든 열흘의 주인공 김상옥은 그렇게 장렬하게 죽어 갔다. 온몸이 전부 간으로 이루어진 것 같던 대담한 남자, 유난히 한심한 남자가 많았던 우리 역사에서 단연 돋보이는 쾌남아 김상옥이 온 조선을 놀라게 했다.

그 장렬한 현장을 먼발치에서 숨죽여 지켜보던 사람 가운데 구본웅이라는 열일곱 살 학생이 있었다. 후일 조선의 걸출한 서양화가로 기록될 그는 1930년 〈허둔기虛屯記 1930〉라는 유화집遺畫集에 당시를 묘사한 그림과 단상을 남겨 놓았다. 일본군 기마경관과 경찰들이 둘러싼 가운데 김상옥이 넘나든 집들이 오롯한 그림 아래 구본웅은 이렇게 썼다.

아침 7시 찬바람
섣달이 다 가도 볼 수 없던 눈이
정월 들자 나리니 눈바람 차갑던
중학 시절 생각이 난다.
아침 7시 찬바람 눈 쌓인 들판

새로 지은 외딴 집 세 채를 에워싸고
두 겹 세 겹 늘어선 외적의 경관들
우리의 의열 김상옥 의사를 노리네
슬프다. 우리의 김 의사는 양손에
육혈포를 꽉 잡은 채 그만
아침 7시(김 의사의 별명을 제비라 하여 불렀었음) 길을 떠났더
이다.
새 봄 되오니 제비시여 넋이라도 오소서.

1년 뒤의 봄, 다시 제비가 강남에서 돌아온 즈음의 한식날
을 맞아 《동아일보》 기자가 김상옥의 무덤을 찾았다.
기자 앞에서 김상옥의 어머니는 이렇게 통곡했다고 한다.

너무 잘나서 그랬는지 못나서 그랬는지 그 일(독립운동)로
만 상성을 하다가 그만 그 지경이 되었습니다. 죽던 해에도
몇 해 만에 집이라고 와서 제 집에를 들어앉지도 못하고 거
리로만 다니다가 죽었습니다. 밥 한 그릇, 국 한 그릇을 못
해 먹이고 그렇게 죽은 생각을 하면 …….

그러면서 주저앉아 울었다.
"그냥 거기에 있으면 생이별이나 할 것을 왜 와서 영이별이
되었느냐."

일본 경찰 1,000명 앞에서도 거침이 없던 김상옥도 그 통곡 앞에서는 고개를 숙였으리라. 어머니 역시 어린 시절 내내 아버지 없이 가난에 시달리다가 젊은 나이에 저승으로 향해야 했던 자신의 아들에게도 미안함을 금치 못했을 것이다. 홀연 그런 생각이 든다. 우리는 김상옥의 어머니의 통곡 앞에서, 그리고 김상옥 앞에서 고개를 들 수 있을까. 대학로에 있는 김상옥 동상 앞에서 당당할 수 있을까.

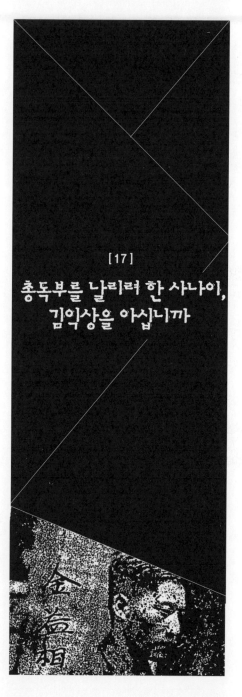

[17]
총독부를 날리려 한 사나이,
김익상을 아십니까

비행사 꿈꾸던 청년 폭탄을 들다

어느 나라 역사이건 마찬가지겠지만 한국 현대사에도 '이 사람은 정말 영화 주인공이다' 싶은 사람이 한둘이 아니다. 《아리랑》의 김산, 일본 경찰 1,000명과 총격전을 벌이다가 마지막 한 발로 자결한 김상옥, 일본 경찰이 그렇게 잡으려 애썼지만 끝내 잡지 못했던 의열단의 수령 김원봉 등 허다하지만 '김익상(1895?~1943)'이라는 이름도 빼놓을 수 없는 존재다.

그가 몇 년도에 태어났는지는 정확한 기록이 없다고 한다. 1922년에 스물여덟이라 했으니 대충 1895년경에 태어난 것으로 짐작할 뿐이다. 그는 빈한한 어린 시절을 보냈고 철공소 견습생으로 살아가다가 담배 제조회사인 광성상회에 취직을 했는데 이 직장의 만주 봉천 지점으로 가게 되면서 중국 땅을 밟게 된다. 어려서부터 손재주가 탁월했다는 그의 꿈은 비행사였다고 한다. 그래서 중국의 비행학교에 입교하지만 중국 내전이 치열해지면서 학교가 문을 닫아 그 꿈을 이루지 못했다. 만약 그 꿈을 이루었다면 조선 사람들은 "떴다 보아라 안창남의 비행기"가 아니라 "김익상의 비행기"라고 노래했을지도 모르겠다.

하지만 그는 중국 북경에서 운명을 바꿀 사람을 만나게 된다. 바로 의열단장 김원봉이었다. "조선의 독립은 2천만 민족의 10분의 8 이상이 피를 흘리지 아니하면 안 된다. 우리는 이때 선두에 나가 희생됨이 마땅하다"는 이 혈기 넘치는 독립운동가에게 김익상은 흠뻑 빠져들게 되고 그 투쟁에 동참할 것을 맹세하게 된다. 비행사를 꿈꾸던 청년에게는 곧 폭탄과 무기가 주어진다. 2010년 기밀 해제된 영국 정보국 1923년 8월 보고서에 따르면 "의열단은 약 2,000명의 회원으로 구성된 한국인 비밀결사체로, 한국과 일본에 있는 일본인 관리들을 암살하는 것을 목적으로 한 단체"이며 "한 달 전에 이 단체 회원 한 명이 중국 청도에 있는 독일인이 만든 폭탄 160개를 가지고 있었는데, 이 가운데 100개가 한국으로 반입되었으며 현재 50여 명의 회원이 도쿄에서 활동 중"(《조선일보》 2013. 3. 1)이라고 하니 의열단의 활동이 얼마나 왕성했는지를 알 수 있다. 김익상에게 주어진 것은 폭탄 두 개 권총 두 자루였다.

의열단원들은 거사를 위해 떠나는 김익상에게 "장사는 한 번 가면 돌아오지 않으리"라는 《사기》의 〈자객열전〉에 나오는 시구를 노래하며 배웅하지만 김익상은 태연자약했다.

"일주일이면 돌아올 텐데 뭘."

김익상은 그야말로 임기응변의 명수였고 "온몸이 간으로 된 것 같은" 사람이었다. 그는 폭탄을 몸에 지니고 열차를 타고 서울로 오는 와중에 일경의 검문과 맞닥뜨리자 옆자리에 앉은 일본 여인과 다정하게 대화를 나누며 검문을 피했다. 얼마나 정답게 대화를 했으면 일본 경찰이 홀딱 넘어갔을까.

경성역에서도 마찬가지였다. 중국에서 온 조선 사람이라면 일본 경찰이 눈에 불을 켜고 검문을 하던 무렵이었다. 김익상은 또 일본 여자가 데리고 온 세 살 아이를 안고 어르면서 경찰의 눈을 피한다. 품 안에 폭탄을 지닌 채 어린아이를 안고 화사하게 웃으면서 능청스럽게 일본 경찰을 속여 넘긴 것이다.

압제의 심장 총독부 폭탄 불바다

그리고 그 며칠 뒤인 1921년 9월 12일 오전 10시 20분쯤 지금의 남산에 있던 조선총독부 건물 2층에서 폭탄이 터진다. 경비가 삼엄하여 쥐새끼라도 조선 쥐새끼는 얼씬도 못했을 총독부의 심장부에서 폭탄이 터졌으니 그야말로 난리가 아니었다.

득달같이 달려 올라오는 헌병들에게 "2층에서 폭탄이 터졌소. 위험해요! 위험하단 말이오!", 일본 말로 "아브나이! 아브나이!"를 외치며 빠져 나가던 전기수리공이 바로 김익상이던 것이다. 일제로서는 기가 찰 노릇이었다. 도대체 어느 놈이 이렇게 대담한 행동을 귀신도 모르게 하고 도망갔단 말인가. 김익상은 일본 요릿집에 숨어들어가 대장장이 옷을 훔쳐 입고 경의선을 탄다. 신의주에서 검문을 받았지만 "난 오사카에서 온 일본 사람"이라면서 또 경찰을 속여 넘긴다. 그리고 정말로 일주일 만에 중국으로 돌아온다.

그의 정체는 다음해에야 밝혀진다. 총독부 공격 실패를 한으로 삼아 다른 목표물을 찾던 중 일본군 대장 다나카 기이치田中義一가 상해에 온다는 소식이 들렸다. 김익상은 오성륜, 이종암 등 동지들과 함께 다나카를 죽일 계획을 세운다. 다나카가 상해에 왔을 때 상해 부두는 초만원이었다. 일본의 환영객들도 많았고 당시 국제도시 상해에는 외국인들의 출입이 빈번했다. 그 혼란 속에 조선인 독립운동가들이 총과 폭탄을 숨기고 서 있었다.

식민지에서 태어나지 않았더라면, 웬만큼 자유롭고 대충 평화로운 주권 국가의 국민으로 태어났더라면 여유만만한 파일럿이 되어 창공을 누볐을 것이 틀림없는 김익상. 폭탄을 퍼붓고도 "위험해요! 위험하단 말이오!"를 부르짖으며 감쪽같이 사람들을 속이는 두둑한 뱃심까지 지녔다면 전투기를 몰고 음속의 세계를 경험했을지도 모르겠다.

빗나간 총알 터지지 않은 폭탄

다나카가 도착하고 인사를 나눌 때 오성륜의 권총이 불을 뿜었다. 그러나 그 순간 유감스럽게도 총탄은 마침 다나카 앞을 지나가던 영국인 신혼부부 중 아내의 몸에 명중하고 말았다. 즉사였다. 아수라장이 펼쳐지고 다나카의 경호원들이 다나카를 차에 태운 순간 김익상이 나서 방아쇠를 당겼다. 겨냥은 정확했지만 총알은 다나카의 모자를 맞췄다. 그리고 이어 던진 폭탄도 불발이었다. 세 번째로 나선 이종암도 실패했으니 다나카 기이치라는 사람은 명이 길기도 참 길었다. 그는 일본 수상까지 지내고 1929년 죽는다.

흔히 '조선총독부' 하면 광화문을 허물고 경복궁을 위압하듯 들어섰던 웅장한 석조 건물을 생각하지만 그건 1926년에 지어진 것이고 그 이전까지 조선총독부는 남산에 있었다. 김익상이 폭탄을 퍼부은 것은 바로 남산에 위치한 조선총독부였다. 우리에게 익숙한 조선총독부 건물은 1926년 10월 1일 완공되는데 그날 종로 단성사에서는 역사적인 영화 하나가 개봉된다. 바로 나운규의 〈아리랑〉이었다.

김익상은 몸을 피하지만 아내의 죽음에 눈에 불을 켠 영국인의 추격을 받고 그 총을 맞은 채 체포된다. 체포된 뒤에도 그의 대담함은 유감없이 드러난다. 이들을 심문하기 위해 악질 친일경찰로 그 이름 하늘에 닿는 김태석(이 책에도 그 이름이 여러 번 등장한다)이 출장 와서 고문을 했다(대한민국 경찰이 오랫동안 고문에 능통했던 것은 일제강점기 고문 기술을 완벽하게 습득했기 때문이었다). 그 모진 문초를 받고 압송되는 와중에도 밥을 잘먹고 잠도 잘자서 일본인 간수들을 놀라게 했을 뿐만 아니라 일본에 압송됐을 때 피곤한 기색 하나 없이 '하이칼라' 머리에 검푸른 양복에 레인코트까지 걸치고 있었다. 그는 일본 재판정에서 이렇게 말하며 결기를 돋우었다.

내가 한번 그러한 일을 한 이상에는 어떠한 형벌이든지 사양치 아니할 터이며 나의 수령과 동지자는 말할 수 없으나 이후로 제2 김익상, 제3 김익상이 뒤를 이어 나타나서 일본 고관 암살을 계획하되 어디까지든지 조선 독립을 이루기까지는 그치지 아니할 터이라. 아무리 문화정치文化政治를 한대야 그것을 찬성할 사람은 한 사람도 없으며 나의 이번 일에 대하여는 조금도 뉘우침이 없소(《동아일보》1922. 5. 9).

쫓아오는 중국 경관에게도 총을 쏘아 죽이려 한 것이 아니냐는 질문에 김익상은 이렇게 대꾸한다.

"상관없는 중국인을 죽일 이유가 없지. 하늘을 대고 쐈소."

그러면서 빵 빵 손가락 총을 쏘는 시늉을 하자 방청객에서 웃음이 터질 정도였다. 하지만 "다나카 대장이 총을 맞았으면 폭탄을 던지지 않았을 것이냐?"는 질문에 "아니오. 맞았더라도 폭탄을 던졌을 거요"라고 대꾸했을 때는 아무도 웃지 못했을 것이다. 김익상은 요즘 말로 그런 '상남자'였다.

의열단원들 대부분이 그랬다. 그들의 의기 앞에서 여러 사람들이 고개를 숙였다. 별안간 들이닥친 총알에 아내를 잃고 분노에 그득하여 의열단원들을 추격했던 영국인 톰슨은 의열단원들의 내막을 안 뒤 일본 법정에 탄원서를 제출했다고 한다. 1922년 6월 5일자 《동아일보》는 김익상을 두고 다음과 같이 말하고 있다.

넘어가는 저녁 해가 가없는 바다 저편으로 숨고, 3백 년 옛 포구에 전등 빛만 찬란할 때에 멀리 고국 하늘을 생각하고 젊은 협객의 가슴에도 응당 무량한 감개가 떠돌겠지.

김익상은 처음에는 사형 선고를 받았지만 20년 감형을 받았고 1942년 석방된다. 태평양전쟁이 불을 뿜은 뒤였고 조선 사람 태반이 창씨개명을 하여 일본 이름을 가지게 되고 일본어를 일상용어로 쓸 즈음이었다. 상해에서 다나카를 죽이기 위해 함께 목숨을 걸었던 오성륜은 일찌감치 탈옥해서 독립운동을 계속했으나 1941년 1월 일제에 투항한 뒤 변절했고 또 한 사람의 동지 이종암은 12년 전 징역 중 얻은 병으로 세상을 떠났다. 조선 해방이 멀지 않았다는 신념으로 치열하게 싸웠던 20년대의 투사 김익상이 형무소 문을 나서면서 바라본 하늘을 어떤 빛깔이었을까. 1940년대 '내선일체'가 진행되던 조선의 모습은 그에게 어떤 느낌으로 다가왔을까. 과연 받아들일 수는 있었을까. 그러나 일제는 끝내 이 위험한 상남자를 그냥 두고 싶지 않았던 모양이다. 김익상의 최후는 잘 알려져 있지 않으나 그를 두고두고 감시하던 일본 경찰과 함께 어느 날 집을 나선 후 돌아오지 않았다고 한다.

지금 우리 주위에 남아 있는 그의 흔적은 남산에 있는 '김익상 의거 터' 안내석 하나밖에 없다. 20년 옥살이 끝에 가족들도 뿔뿔이 흩어진 것 같고 알려진 후손도 없다. 흔하디흔한 '기념사업회' 하나 변변하게 차려지지 못했다. 김익상이라는 이름을 처음 듣는 이도 많을 것이다. 하지만 그런 남자가 우리 역사에 있었고 그런 사람이 있음으로 결국 우리가 있는 것만큼은 분명하다. 저승에서 후손들을 지켜보고 있을 김익상은 또 껄껄대고 웃으면서 이렇게 말할지도 모르겠다.

"누가 알아주기를 바라고 한 일도 아닌데 뭐. 억울하다면 거사를 성공시키지 못한 게 지금도 아쉽지" 하면서 손가락 총을 당길 것이다. 빵 빵.

김익상

"나는 2년 전에 경성에서 철공장 직공 노릇을 하였는데 중간에 감동되는 바가 있어 북경에서 의열단에 가입하여 노령 각지를 돌아다니다가 금년 정월에 상해로 왔는데 일본에 있는 동지로부터 전중대장田中大將이 상해로 온다는 말을 듣고 거사했으나 이루지 못하였으니 이 어찌 운명이 아니랴? 우리 동지가 350명인데 일본의 대관과 군인의 우두머리 되는 자를 암살할 목적이다. 우리는 한국 국민의 행복을 위하여 일본으로부터 독립을 원하는 바이니 이 일로 형벌을 당하게 되면 처음부터 달게 받으려고 한 일이다. 죽어도 무엇이 한 되랴."

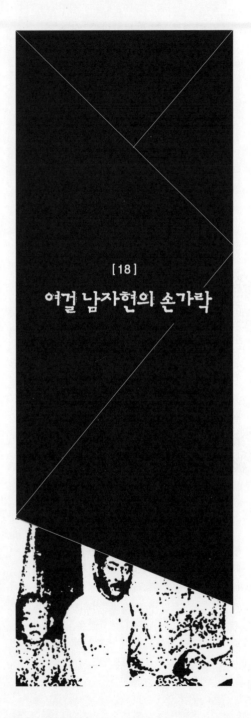

[18]
여걸 남자현의 손가락

일경에 쫓기는 노파

1933년 2월 27일 오후, 당시에는 일제의 괴뢰 만주국의 도시였던 하르빈(하얼빈의 러시아어 발음)의 도외정양가 거리. 날카로운 호각 소리와 함께 일본 경찰들이 달음박질을 시작했다. 그들은 한 중국인 거지 행색의 노파를 쫓고 있었다. 우왕좌왕하는 행인들 사이를 헤치며 달아나던 노파를 향해서 일본 경찰이 몸을 날렸다.

남루한 옷의 노파가 쓰러졌다. 깊이 눌러쓴 모자를 벗기자 유난히 강단 있어 보이는 눈빛의 조선 할머니가 모습을 드러냈다. 이름은 남자현(1872~1933). 그녀는 중국 옷 속에 핏자국이 남아 있는 조선 옷을 입고 있었다. 그건 여자 옷이 아니었다. 묻어 있는 피도 남자현의 피가 아니었다. 그것은 40년 전 의병으로 나섰다가 전사한 남편의 유품이었다.

1872년생이니까 당시 우리 나이로 예순 둘. 환갑을 넘긴 나이였다. 요즘에야 환갑잔치도 생략하는 경우가 많지만, 그때만 해도 남자현 자신이 결혼한 나이대로만 자식들을 키워 냈으면 증손자를 볼 수도 있는 나이였다.

그녀는 열아홉 살에 시집을 갔다. 그녀의 시댁은 경북 영양군 석보면 지경동. 남편은 김영주라는 사람이었다. 알콩달콩

잘살던 남편이 뜻밖에 세상을 떠난 건 혼인한 지 5년 만인 1896년이었다. 그 전해 일어난 을미사변, 즉 명성황후 시해사건은 경상도 두메산골에서 근근이 살아가던 가난한 선비들에게도 큰 충격을 안겼고 울분을 터뜨리며 화승총과 녹슨 칼을 잡는 사람들 가운데에는 남자현의 남편 김영주도 끼어 있었다. 무던한 남편이었지만 한번 고집을 부리면 누구도 꺾을 수 없던 남편은 아내에게 이렇게 자신의 뜻을 전한다.

"나라가 망해 가는데 우예 집에 앉아 있을 수 있겠노. 지하에서 다시 보자."

이 말을 남기고 의병으로 나간 남편이 덜커덕 전사한 것이다. 당시 남자현은 임신 중이었다.

스물넷 젊은 나이에 청상과부가 되어 버린 남자현은 유복자를 낳아 기르면서 시부모를 홀로 모셨다. 아버지는 정3품을 지낸 양반이었고 남편의 가문도 일대에서 문명文名 드높은 의성 김씨 집안이었으니 '여필종부 삼종지도'의 한자성어는 몸에 밴 정도가 아니라 뼈에 새겼을 터였다. 양잠도 하고 길쌈도 하며 혼자서 모진 삶을 버텨 낸 남자현은 마을에서 주는 효부상까지도 받은 모범적인(?) 지어미요 며느리이자 어머니였다.

마흔 중반의 '독립운동가들의 어머니'

그렇게 나이 마흔 일곱쯤 되었으면, 이제 외아들 장가들이고 손자 재롱 볼 욕심을 낼 즈음이었을 것이다. 그때처럼 수명이 짧지 않은 요즘에도 나이 마흔 중반 넘으면 인생 다 산 것 같이 행세하는 이들이 지천이지 않은가. 그런데 그 나이에 그녀는 새로운 삶을 시작한다. 1919년 3·1항쟁이 계기였다. 조선 천지를 뒤흔든 만세 소리를 들으면서 그녀는 장성한 아들과 함께 압록강을 건넌다.

어느 나라 어느 역사에든 '획기적 전기'는 있는 법이다. 짓밟히고 눌려만 살던 사람들이 어느 결엔가 자신들의 숨겨진 힘을 확인하고 스스로 놀라고 끝내 패배한 와중에도 여태까지의 삶을 반성하며 새로운 발걸음을 내딛는 순간 말이다. 우리 역사에서도 그 경험은 여러 번 있었다. 가까이는 1987년의 7, 8, 9월 노동자 대투쟁과 6월시민항쟁이 그랬고 1980년 광주가 그랬다. 1919년 3월 1일의 만세 소리도 수많은 사람들의 인생을 바꿔 놓았다. "더 이상은 이렇게 살 수 없다"는 다짐들이 삼천리를 휩쓸었고 변변한 전쟁 한번 치르지 않고 나라를 송두리째 빼앗긴 망국의 국민들의 자존감에 불길이 지펴졌다. 남자현도 그렇게 가슴의 불길에 휘말린 사람 중의 하나였다.

그녀는 독립군 단체 가운데 하나였던 서로군정서에 들어가 독립군 수발에 나선다. 그녀의 활약이 두드러진 사건 중의 하나가 1927년의 '길림대검거사건'이다.

발단은 경성을 뒤흔든 나석주 의거였다. 동양척식주식회사와 식산은행을 쑥밭으로 만들고 산화해 간 나석주의 추도식을 겸하여 도산 안창호는 길림 지역 조선인들의 민족의식을 고취시키는 강연을 가지고자 했는데 5백 명의 동포가 몰려들어 대성황을 이루었다. 만주 군벌의 수장 장작림張作霖과 미쓰야 협정, 즉 만주 지역 조선인들의 독립운동 진압에 협조한다는 밀약을 맺고 있던 일제는 안창호 등의 움직임을 장작림에게 전했고, 장작림의 동북군은 공장을 포위하고 참가자를 거

얼마 전 인기 드라마에서 산울림이 불렀던 〈청춘〉 노래가 대인기를 끌었다. "언젠간 가겠지 푸르른 이 청춘. 피고 또 지는 꽃잎처럼 …… 그렇게 세월은 가는 거야 …… 정 둘 곳 없어라. 허전한 마음은 정답던 옛 동산 찾는가." 아마 남자현이 이 노래를 들으면 코웃음을 칠 것이다. "나이를 얼마씩이나 먹었다고 청춘은 갔다고 탄식하고 뭘 했다고 정답던 옛동산이나 찾는고?"

의 모두 연행했다. 안창호, 오동진, 김동삼 등 독립운동의 동량들이 무더기로 체포되어 장차 장작림이 이들을 일본에 넘겨 버린다면 독립운동의 기둥뿌리가 흔들릴 판이었다. 이때 남자현은 대책위원회를 꾸려 동분서주했고 안창호 등이 풀려나는 데 공을 세운다.

또 독립운동 단체들이 기호파다 서북파다 파벌을 짓고 다투다가 심지어 피를 보는 지경까지 이르렀을 때, 금식기도 후 손가락을 베어 혈서를 써서 파벌 관계자들을 불러모아 눈물로 호소하는 남자현의 열정에 감동한, 혹은 압도당한 남자들

남자현의 임종. 허름한 방안, 남루한 입성의 아들과 손자가 파란만장했던 한 여인의 시대의 마감을 지켜보고 있다. 독립이 되면 그를 '축하' 하기 위해 선사할 돈까지 지정하고 남자현은 세상을 떠났다. 5만 원짜리 지폐를 볼 때마다 좀 짜증이 나는 것은 신사임당이 도대체 우리에게 무엇을 남겼길래 이리도 고액권의 전면을 지키고 있는가 하는 것이다. 남자현 같은 분이 버젓이 계심에도 불구하고.

이 서둘러 화해의 손길을 내미는 일도 있었다. 이렇게 '독립운동가들의 어머니'로 활약하는 것도 큰일이었지만 남자현은 또 거기에 머무르지 않는다.

남자현의 칼날 사이토 총독을 향하다

그녀는 수십 년 동안 가슴에 묻어 온 남편의 원수를 직접 갚고자 했다. 그녀는 1926년 4월 권총 한 자루와 탄환 여덟 발을 가지고 국내로 잠입한다. 목표는 사이토 마코토 총독. 머리가 희끗희끗해지기 시작한 초로의 아주머니를 의심할 경찰은 그리 흔하지 않았다. 하지만 그녀보다 먼저 사이토를 죽이려 한 사람이 있었다. 송학선이라는 사람이었다. 동네 뒷산에서 소나무를 상대로 칼 찌르기 훈련을 거듭한 그는 승하한 순종을 조문하러 오는 사이토를 노려 차에 뛰어들었지만 그의 칼에 피를 쏟은 것은 사이토가 아닌 다른 일본인들이었다. 어쨌든 이 사건을 계기로 경비가 부쩍 강화되어 남자현은 사이토 근처에도 접근할 수 없었고 다시 압록강을 건너야 했다.

다시 독립군의 어머니로 살아 가던 그녀는 1932년 만주국 조사를 위해 국제연맹의 리튼 조사단이 만주국 수도 신경(지금의 중국 창춘長春)을 방문했을 때 손가락을 끊어 혈서를 써서 리튼 조사단에게 전하고자 했지만 전달에 실패한다. 그때 반일 의도를 가지고 리튼 조사단에게 접근하려다가 일본 관헌에 걸려 죽음을 당한 사람이 한두 명이 아니었던 만큼 그것은 손가락만의 문제가 아니었다. 드디어 다음해, 남자현은 또 한 번의 거사를 준비한다. 바로 일본의 만주국 전권대사 무토 노부요시를 암살하려는 것이었다. 예순 할머니가 무슨 용기와 힘으로 폭탄을 던지려 했는지 모르지만, 그 무기를 전달받으러 가다가 낌새를 알아챈 일본 경찰에 체포되고 말았다.

되찾지 못한 손가락

일본 경찰은 남자현을 체포한 후 나이를 고려하지 않고 모질게 심문했고, 이에 남자현은 "적이 주는 것을 목구멍으로 넘기지 않겠다"는 각오로 단식을 시작한다. 단식이 열흘을 넘어서고 사경을 헤매는 지경에 이르자 일제는 병보석으로 남자현을 풀어 준다. 이미 남자현은 삶과 죽음의 경계선을 넘어서고 있었다. 남자현은 자신이 가진 돈 249원을 내놓으면서 49원을 가족들에게, 그리고 나머지 2백 원에 대해서는 이렇게 유언한다.

"만일 네 생전에 독립을 보지 못하면 너의 자손에게 똑같은 유언을 하여 내가 남긴 돈을 독립축하금으로 바치도록 하라 …… 이미 죽기를 각오한 바이니까 ……."

가쁜 숨을 몰아쉬면서 남자현은 손을 내밀었다. 손가락 두 개가 썩둑 잘려 나간 그 손을 내밀면서 그녀는 생의 마지막 말을 남긴다.

"이것이나 찾아야지."

리튼 조사단에게 한국의 독립을 원한다는 혈서와 함께 보내고자 했던 그녀의 손가락은 전달에 실패하고 그 와중에 어디인지도 모를 곳에 버려졌다. 남자현은 죽음의 목전에서 그것을 찾고 싶다고 했다. 신혼의 꿈을 간직한 채 자신의 곁을 떠나 버린 남편을 다시 만나게 되었을 때, 비록 곱지는 않더라도 온전한 손을 내밀고 싶었기 때문이었을까.

* 이 꼭지는《나는 조선의 총구다》(이상국, 세창미디어)를 참고하여 작성되었음을 밝힙니다.

남자현

"절대 원수를 갚지 말라.
 원수는 하나님께 맡기고 너는 나라의 독립을 위해 군에 입대해라."

– 밀고자에 분노하는 아들에게 남긴 남자현의 유언

폭정을 거부한 조선의
기독교인, 주기철

한국 기독교 역사의 버팀목

한국 가톨릭의 역사는 2백 년을 넘는다. 선교사의 사역을 통해서가 아니었다. 책을 보며 교리를 익혀 이것이 진리라 믿은 조선인들이 신부도 없이 공동체를 이루었고 그중의 한 사람이었던 이승훈이 북경 성당을 제 발로 찾아와 영세를 청했던 것이다. 그 후 천주교는 혹독한 박해를 받으면서도 꾸준히 성장했다. 그러나 개신교, 즉 프로테스탄트의 역사는 이에 비해 완연히 짧았다. 최초의 개신교 목사로서 조선에 상륙(1832)한 이는 칼 귀츨라프라는 사람이었다. 그는 황해도 장연과 충청도의 섬에 상륙하여 감자와 포도 재배법을 전하고 주기도문을 한글로 번역하여 사람들에게 나눠주었는데 조선이라는 나라의 독창적인 문자 한글을 세계에 알린 사람이기도 했다.

그러나 귀츨라프는 오래 머물지 않고 조선을 떠났고 그다음으로 조선 땅을 밟은 개신교 선교사라 할 토머스 목사는 제너럴셔먼 호 사건 때 조선 군민에게 체포돼 허무하게 목숨을 잃었다. 본격적인 개신교가 등장하기에는 조금 더 기다려야 했다. 그러나 조선이 개항한 후 선교의 열정에 불타는 선교사들이 그야말로 밀물처럼 조선으로 쏟아져 들어왔다. 의욕과 신앙심은 하늘을 찔렀으나 그러다 보니 시행착오도 많았고 서로간 '구역'을 두고 다투는 일도 있었다. 그 해결책 중의 하나로 제시된 것이 각 교파마다 할당 지역을 두는 것이었는데, "미국 남장로교는 전라도와 충청도, 호주 장로교는 경상남도, 캐나다 선교회는 함경도, 북장로교는 평안도와 황해도 및 경상북도를 분할하여 전도활동을 벌였다"(백찬홍, 〈무례한 자들의 크리스마스─평사리 중 근본주의와 초기 한국 교회〉). 이 편의적 분할은 후일 한국 개신교가 형성하는 복잡한 교파, 예장 통합이니 예장 합동이니 기독교 장로회니 고신이니 하는 이름들의 원류가 된다.

한국에서 개신교가 본격적으로 대중에게 파고든 것은 1904년의 원산기도회와 1907년의 평양대부흥 이후부터라고 할 수 있을 것이다. 원산기도회에서 로버트 하디를 비롯한 선교사들이 한국 선교활동 중 저지른 죄를 열정적으로 고백하면서 사람들을 격동시켰고 이는 평양대부흥으로 이어졌다. 1907년 신년 벽두를 장식한 평양대부흥의 하이라이트는 길선주 목사의 회개였다. 원래 관우를 섬기는 관성교의 도사였던 특이한 이력의 길선주 목사가 토로한 회개의 정확한 내용에 대해서는 의견이 분분하나 그중의 하나는 세상을 떠난 친구의 재산을 정리하면서 일부를 횡령하였음을 고백했다는 것이었다. 길선주 목사는 부르짖었다. "나는 아간입니다." 아간은 《구약성서》 〈여호수아서〉에 등장하는 인물로 하느님의 명을 어기고 전리품을 착복했다가 벌을 받는 사람이었다. 이런 회개와 고백의 퍼레이드는 기독교식으로 말하면 '성령의 불로' 한반도 북쪽을 휩쓸었다.

길선주 목사는 조선의 평안도 지역을 담당했던 미국 북장로교 선교사 사무엘 마펫(한국명 마포삼열)의 후임자로 평양 장대현교회를 맡았고 "한국 교회의 아버지"라 불릴 정도로 오늘날까지 이어지는 한국 교회의 전통과 양식을 세운 사람이었다. 3·1항쟁 때 민족대표 33인의 일원으로 참여하긴 했으나 오랫동안 독립 서훈을 받지 못할 만큼(2009년에야 건국훈장 독립장 수여) 애매한 구석도 있다. 그는 "이승훈의 권유에 의해서 참여"하여 도장을 맡겼던 것이고 체포된 이들 가운데 유일하게 '무죄'를 받았던 것이다.

요즘도 기독교의 현실 참여에 대해서 말들이 많거니와 구한말과 일제강점기에도 상황은 비슷했다. 원산기도회에서의 하디의 회개처럼 선교사들부터 그 행동과 의식이 판이하게 다른 경우가 많았다. 인종우월주의에 사로잡혀 '야만인'들을 개종하러 온 것처럼 거들먹거린 선교사도 있었고 망해가는 나라의 창백한 백성들을 위하여 온몸을 바쳐 투신한 이들도 많았다. 또한 교육과 의료, 성차별 철폐 등 많은 분야에서 주목할 만한 성과를 이룬 기독교이기도 하지만 "사람들은 예수 믿어서 세상에서 잘 되려 합니다. 그들의 소망은 땅에 있는 것입니다"라고 한 길선주 목사처럼 현세의 개혁과 실천보다는 사후 영혼 구원, 즉 "예수 천당 불신 지옥"에 두는 근본주의 기독교도 일제강점기 내내 엄존하고 있었다. 안중근, 김마리아, 김상옥, 나석주, 강우규 등 수많은 독립운동의 별들이 예수를 자신의 구주로 굳게 믿어 의심치 않았으되 그들의 행동을 '소망을 땅에 둔' 것으로 보며 기독교는 영혼 구원에만 힘써야 한다는 이들도 만만치 않게 있었다는 뜻이다. 길선주 목사 사후(1935) 그 후계자로 주목받았던 주기철(1897~1944) 목사도 후자 쪽에 가까웠던 사람이었다.

그러나 주기철 목사에게 '시험'이 들이닥치고 있었으니 그것은 다름 아닌 신사참배 문제였다.

신사참배는 일제강점기 조선 기독교계에 떨어진 가장 엄혹한 '시험'이었다. 그 상처와 흉터가 해방 이후 수십 년 동안 드리워졌을 정도로. 신사참배는 기실 종교적 문제라기보다는 이른바 황민화皇民化 정책의 일환으로 실시된 정치적 세레모니 강요였고 그래서 반감이 더욱 컸다. 그런데 천주교 개신교 할 것 없이 조선 기독교계는 바로 "신사참배는 종교적 행위가 아니라"는 핑계로 신사참배에 응했다. 그리고 그 후로 70년이 넘도록 교단 전체 차원에서 공식적으로 신사참배를 회개하거나 사죄한 적은 없다.

신사참배 …… 타협과 변절의 길로

일제의 통치가 끝이 없어 보이고 탄압도 거세지면서 조선 기독교도 점차 타협과 변절의 길로 접어들기 시작했다. 특히 신사참배 문제는 그 핵심이었다. 일제는 처음에는 우상숭배를 반대하는 기독교 교리를 존중하여 신사참배를 강요하지 않았지만 중일전쟁 이후 파쇼체제가 공고화하면서 일종의 기싸움처럼 기독교에 신사참배를 요구하기 시작한다. 그리고 조선 기독교는 속속 무릎을 꿇는다. 최초로 굴복한 것은 감리교였다.

주기철을 목사직에서 쫓아 낸 것은 일제 당국이 아니었다. 바로 조선 기독교 평양노회의 결의였다. 주기철의 노모를 사택에서 내몬 것도 조선 교회였고 해방 이후에도 주기철 목사의 가족들을 박대한 것도 조선 기독교 평양노회였다. 2006년에 이르러서야 평양노회는 1939년에 있었던 주기철 목사의 목사직 파면 결의를 무효로 하고 사과했다. 그런데 평양노회는 요즘 성추행으로 이름을 떨친 목사를 너그럽게 수용하고 감싸고 있다. 주기철도 품고 성추행 용의자도 품는 너그러운 노회.

1936년 양주삼 초대 총리사總理師가 신사참배 수용을 선언했고 1938년에는 최대 교파라 할 장로교마저 무릎을 꿇는다. 전국 27개 노회 대표 목사 27명이 단체로 신사참배를 강행한 것이다. 그러면서 그들은 이렇게 얘기한다.

우리들 목사는 신사참배가 종교적인 신앙 문제도 아니요, 기독교 교리에 위반되는 것도 아니라고 이해하고 신사참배가 애국적 국가의식임을 자각해서 이에 신사참배를 솔선 이행할 뿐만 아니라 더 나아가 국민정신 총동원에 참가하여 비상시국하 에서 대일본제국의 황국신민으로서 충성을 다하기로 맹세합니다.

오늘날 대부분의 장로교회는 일제강점기 대부분이 우상숭배에 반대한 것 같이 얘기하지만 천만의 말씀이다. 대한예수교장로회 총회장을 지낸 고 한경직 목사도 스스로 '신사참배를 했던 죄인'이라고 고백했거니와 장로교 대부분, 장로교 지도자 대부분, 그리고 말할 것도 없이 신도 대부분은 신사참배 대열에 가세했다.

그러나 앞서 말했듯 기독교가 2,000년을 흘러온 것은 그렇듯 권세에 영합하고 굴종하는 '대세'에 정면으로 거스르는 정의파들이 꼭 있었기 때문이다. 주기철 목사는 일제의 신사참배 요구에 목숨을 걸고 저항하고 나선다. 민족적 견지라기보다는 "나 외에 우상을 섬기지 말라"는 십계명에 더 충실했던 행동이었겠으나 이른바 '주류' 기독교가(가톨릭이든 신교든) 신사참배를 양순히 받아들인 상황에서 이는 신앙인의 고백임과 동시에 부당한 권력에 대한 항거이기도 했다. 남강 이승훈과 고당 조만식이 버티던 오산학교를 졸업하고 3·1항쟁에 참여하여 옥고를 치렀던 이력을 지닌 그가 평양 산정현교회에 부임한 것은 1936년, 그에게 골고다 언덕으로 이르는 십자가의 길이 시작된 해였다.

그러나 그 한 해 전이었던 1935년, 그는 오산학교를 졸업하고 연희전문 상과에 입학했지만 몸이 좋지 않아 낙향했고 만세운동을 주도하여 투옥되기도 한다. 이후 평양신학교에 입학하여 목사가 됐고 고향에서 목회를 하다가 평양 산정현교회에 부임한다. 그리고 그의 일생 중 가장 빛나고 가장 혹독했던 시간이 열린다.

주기철 목사 설교에 뛰어든 일경

주기철 목사는 이미 평양에 오기 전 1935년, 장로교 목사들이 모인 금강산 온정리 수련회에서 일제라는 미쳐 가는 호랑이의 코털을 뽑은 적이 있었다.

선지자 예레미야는 자기의 조국 유다가 망하는 것을 보면서 눈물 흘리며 회개하라고 목청이 터져라 외쳐 댔건만, 오늘의 목사님들은 왜 현세의 권력에 아부만 하고 일본의 태평성대를 찬양하며 눈물은커녕 오히려 이 사악한 시대와 어두운 현실에 아첨만 하고 있는가? 침례인 요한은 동생의 아내와 간통한 헤롯왕을 그 면전에서 책망하였다. 죽이고 살리는 권한을 한 손에 들고 있는 통치자 앞에서 그 죄를 책망하는 침례인 요한은 물론 일사각오였고, 그 일사각오 연후에 할 말을 다 하였고, 그 일사각오 연후에 선지자의 권위가 섰던 것이다. 그런데 오늘날 목사님 여러분들은 강단 앞에서 하고자 하는 말을 왜 못 하는가. 몰라서 말을 못 하는가. 알고도 모른 체하는 것인가(주광조, 《나의 아버지 순교자 주기철 목사》).

그러나 이 설교는 끝맺지 못했다. 기절초풍을 한 일본 경찰이 뛰어들었기 때문이다.

이런 난리를 치렀던 주기철 목사는 평양 산정현교회에 부임하자마자 신사참배 반대를 선언했다. 이 정도 되면 일제의 눈엣가시가 아니라 눈에 뿌리를 내린 나무 같았을 것이다. 일제는 툭하면 주기철 목사를 잡아가둔다. 평양신학교 학생들이 신사참배에 찬성한 평북노회장이 심은 기념식수를 도끼로 베어 버리자 주기철 목사를 잡아들였고 경상북도 의성에서 농촌계몽운동을 벌이던 기독교인들을 일망타진할 때에도 그 배후 혐의로 먼 평양까지 찾아가 주기철 목사를 끌고 왔다. 영화 〈저 높은 곳을 향하여〉(1977)에서 재연된 대부분의 고문은 이때 자행된 것이다. 해방 이후에 민주화투쟁에 나섰던 기독교인들처럼 주기철 목사는 그야말로 '빵잽이'였고 모든 일의 배후였다.

그때 그를 괴롭힌 것은 고문만이 아니었다. 고독감도 있었다.

70여 명의 동지가 하루아침에 다 잡혀 왔고 하룻밤 자고 나면 한 동지가 두 손을 번쩍 들고 일본에 항복하곤 했다. 또 하룻밤 자고 나면 두 사람의 동지가 나가 버리고, 또 하룻밤 자고 나면 또 나가 버리고 …… 12월이 다 돼 가니까 그 수많은 동지가 다 나가 버리고 마지막 네 명이 남아 끝까지 항거했는데, 그때 받았던 정신적인 고독감, 외로움은 정말 정말 견디기 어려웠다.

독재정권의 고문기술자들도, 기업의 노조탄압자들도 심지어는 인간을 차별을 금지하는 법에 반대하는 바리새인 같은 기독교인들도 즐겨 내세운 수법 중의 하나는 이런 것이었다. "아니 다 넘어왔는데 왜 너만 이러니?"

일제도 그랬을 것이다. 그렇게 곤죽이 되도록 고문한 다음에는 반드시 속삭였을 것이다.

"아무개도 넘어왔다데쓰. 이러면 너만 다친다데쓰."

하지만 주기철 목사는 흔들리지 않았다. 그는 단순히 "우상을 숭배하지 말라"는 성경 구절에 목숨을 건 것이 아니었다. 그는 한민족 전체를 억누르고 짓밟는 권세에 항거했고, 핍박받는 자에게 복이 있다 한 예수의 말을 믿고 따르는 자였다.

예수의 삶 전체는 남을 위한 것이었다. 이 세상에 탄생하심도 남을 위하심이오, 십자가에서 죽으심도 죄인을 (구원하기) 위하심이었나니 이 예수를 믿는 자의 행위도 또한 남을 위한 희생이라야 한다. 세상 사람은 남을 희생하여 자기의 이익을 도모하지만 예수교는 자기를 희생하여 남을 구원하는 것이다. 자기가 죽고 이웃을 사랑하는 일[살신애인殺身愛시, 그 얼마나 숭고한 정신이며 그 얼마나 거룩한 행위일 것인가(김인수,《예수의 양 주기철》).

독립 위해 기도하며 고난의 길로

의성경찰서에서 풀려 나온 주기철 목사가 옷을 갈아입지도 않고 산정현교회 강단에 올라 남긴 설교는 한국 기독교사에 남는 명설교일 것이다. 그는 산정현교회 수천 성도 앞에서 유언 같은 설교를 남긴다. 그는 자신이 옥중에서 기도한 다섯 가지를 얘기한다.

"죽음의 권세를 이기게 해 주옵소서. 한두 번 받는 고난은 감당할 수 있으나 장기간의 고난은 참으로 어렵습니다. 이기게 해 주옵소서. 내 어머니와 처자를 주께 맡깁니다. 의에 죽고 의에 살게 하시옵소서. 제 영혼을 주께 맡기나이다."

어쩌면 이 기도는 만주 벌판과 중국 천지 그리고 조선 땅 어딘가에서 일제에 맞서고 있던 모든 이들의 기도였는지도 모른다.

일제는 다시 주기철 목사를 투옥했다. 이제는 친일 기독교 노회까지 가세하여 주기철 목사를 목사직에서 파면 처분하고 가족들까지 목사 사택에서 내쫓는다. 하지만 교회 교인들은 일제의 감시를 피해 주기철 목사 가족이 살던 집 담 넘어로 곡식이며 먹을거리들을 던져 넣었다. 가족들은 이를 '만나'라 불렀다고 한다. 만나는 이스라엘 백성들이 광야에서 헤맬 때 하느님이 내려준 음식이다. 만나는 이렇듯 하느님만이 내리는 게 아니다. 곤궁에 처한 자, 위험에 빠진 자, 의를 위해 핍박받는 자들을 위해 내미는 온정과 공감의 행동들은 모두 만나가 되는 것이다.

1944년 4월 21일 주기철 목사는 마지막 면회를 한다. 형무소장은 병보석으로 석방해 주겠다고 그의 아내에게 제안하지만 거절한다.

"당신은 승리하셔야 합니다. 살아서 이 붉은 문 밖으로 나올 수 없습니다."

주기철도 마찬가지였다. 그는 형무소 안에서 죽겠다고 말한다. 의연하게 십자가에 못 박히는 예수처럼. 그러나 돌아서면서 남긴 그의 마지막 말은 "어찌하여 나를 버리시나이까"라고 부르짖은 예수처럼 인간적이었다.

"여보 나 따뜻한 숭늉 한 그릇 먹고 싶은데 ……."

그리고 그날을 넘기지 못하고 주기철 목사는 세상을 떠난다.

주기철

현해탄에서 연인과 함께 몸을 던진 윤심덕의 히트곡 〈사의 찬미〉에 주기철은 다음과 같은 가사를 붙여 즐겨 불렀다.

"서쪽 하늘 붉은 노을 영문 밖에 비춰누나
연약하온 두 어깨의 십자가를 생각하니
머리에는 가시관 몸에는 붉은 옷
힘없이 걸어가신 영문 밖의 길이라네

한 발자국 두 발자국 걸어가신 자욱마다
뜨거운 눈물 붉은 피 가득하게 고였구나
간악한 유대 병정 포악한 로마 병정
걸음마다 자욱마다 가진 포악 지셨구나(후략)"

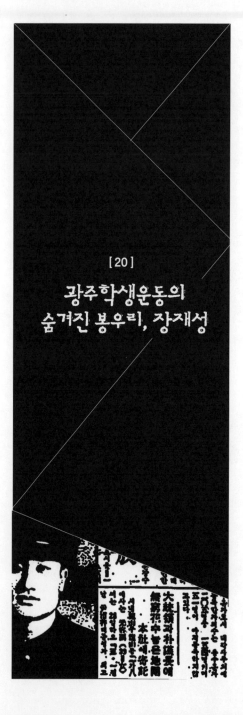

[20]

광주학생운동의
숨겨진 봉우리, 장재성

분노한 청춘 혈기 독립운동으로 승화

11월 3일은 학생의 날이다. 이날이 학생의 날로 지정된 이유는 상식에 가깝다. 바로 광주학생운동 기념일이기 때문이다. 광주학생운동은 3·1운동에 필적하는 대규모 항일운동이었고 광주에서 전국으로, 나아가 해외로까지 조선인들로 하여금 떨쳐 일어나게 만들었던 일대 사건이었다.

교과서에서는 대충 이렇게 배운다. 1929년 10월 30일 나주와 광주를 오가는 통학 기차 안에서 일본인 학생이 조선인 여학생의 댕기머리를 잡고 희롱하자 이에 분개한 여학생의 사촌동생이 분노의 주먹을 날리고, 패싸움이 벌어지는데 역장 이하 일본인들이 조선 학생들 쪽만 나무라며 뺨을 때리고 경찰도 조선 학생들만 족치는 등의 차별 대우를 했고, 이에 분개한 광주고보 학생들이 11월 3일 시내로 진출하여, 일본인 학교였던 광주중학교 학생들을 공격하고 항일 시위를 벌였다. 그래서 댕기머리가 잡힌 박기옥과 그 사촌동생 박준채의 이름은 역사 교과서에 굵직하게 남아 있다. 일종의 광주학생운동의 상징이자 주동자처럼 말이다.

물론 희롱당한 누나의 복수를 위해 "조선 년 좀 만져 줬다 왜?"라고 뻗대는 일본 학생의 턱에 분노의 주먹을 날린 박준

채의 용기는 훌륭한 것이었고, 그 주먹은 일종의 억눌린 청춘들의 분노를 터뜨리게 해 준 물꼬였다. 하지만 그런 류의 패싸움은 광주뿐 아니라 조선 팔도 곳곳에서 벌어졌었고, 별 것 아닌 해프닝으로 끝나는 경우가 태반이었다. 그런데 광주는 왜 달랐을까. 그것은 분노한 청춘들의 혈기를 '운동'으로 바꾸어 놓은 사람들이 따로 있었기 때문이었다. 그 대표적인 인물 가운데 하나가 장재성(1908~1950)이다.

"진짜 투쟁 대상은 일본제국주의"

장재성은 꽤 유복한 집에서 자랐다. 광주에는 광주일고, 광주상고(현 광주동성고), 진흥고 등 전통의 야구 명문들이 여럿 웅거하고 있거니와 이미 1920년경에도 야구단이 여럿 있어서 대회까지 치르고 있었다고 한다. 장재성은 그중 남동이라는 팀의 주전선수였고 광주 대표로 선발되기도 했다. 그 시기에 글러브와 배트를 구비하고 있었다면 도리깨 휘두르고 낫질에 하루를 보내야 했던 또래들과는 질적으로 다른 형편이었을 것이다. 하지만 장재성은 야구보다는 다른 쪽에 더 관심이 많았다. 광주고보 5학년 때에는 광주고보와 농고생들을 합쳐서 '성진회'라는 독서 모임을 만든 것이다. 그 이름은 장재성의 친구 왕재일이 지은 것인데 이름부터 느낌이 남달랐다. 깰 성 醒 나아갈 진進. 당연히 그 모임은 '숙취에서 깨어나는' 모임이 아니었다. 그들은 식민지 청년으로서 자신들의 현실을 각성하고 새로운 길로 나아가고자 하는 '성진회'였다.

하필이면 그 모임의 일원의 형이 광주경찰서 간부였던 관계로 이른 해산을 하긴 하지만 그 조직원들은 은밀하게 모임을 지속했다. 장재성은 일본 유학 중임에도 1928년 고향에서 대규모 동맹휴학 및 항일 시위가 발생하자 급거 귀국해서 후배들을 돕는다. 이때 장재성을 불러들인 것은 신간회 광주지회 간사 장석천이었다. 조선공산당원으로서 1928년 대규모 검거로 당이 와해된 뒤 당 재건에 힘을 기울이던 그는 광주의 학생운동을 주목했고 널려 있는 불쏘시개를 하나로 묶어 잉걸불로 만들 사람을 필요로 했다. 운동선수로 이름을 날렸고 언변도 수려하여 학생들로부터 신망이 높았던 장재성은 더 이상 없는 적격자였다. 혹시 이런 전보라도 날리지 않았을지 모르겠다.

"재성아 니가 거시기혀야겠다."

장재성은 장석천의 기대를 저버리지 않았다. 광주고보, 광주농교, 전남사범학교 등 광주 주요 학교의 리더급 학생들을 불러모았고 지난 일들의 성과와 한계를 되짚으며 무엇이 아쉬웠고 무엇이 필요한지에 대해 의견을 모아 나갔다. 갑론을박만 한 것이 아니라 행동을 위한 물적 토대까지도 마련했다. 일종의 '학생협동조합'을 만든 것으로, 각 독서회 별로 자금을 모금하여 1929년 9월 초순 장재성 빵집 옆에 문방구점을 열었다. 후일 일본 경찰의 자료를 보면 장재성의 빵집과 문방구점의 2층은 3개의 방으로 구성되어 있는데 가장 큰 10칸짜리 방에는 탁자 1개만 놓여 있는 회의 장소였고 전단지를 만들 수 있는 등사용 기계도 발견됐다고 한다. 가히 광주학생운동의 '아지트'였다고나 할까. 바로 이런 모임과 활동들이 광주학생운동의 배후 조종자였다.

우발적으로 터지긴 했지만 민족적 울분이 폭발한 가운데 광주 시내는 학생들의 시위로 일대 긴장에 빠져들었다. 장재성은 11월 3일 시내로 진출하여 일본 학생들을 흠씬 두들겨 패준 뒤 분노와 흥분이 뒤범벅이 되어 어쩔 줄을 모르는 조선

성진회醒進會 창립 기념 사진. 가운데 줄 오른쪽에서 두 번째가 장재성이다. 식민지의 어둠 속에서도 청년들의 눈동자는 푸르게 빛났고 일제의 윽박지름 속에서도 청년들의 기상은 시든 적이 없었다. 일제 강점이 시작된 뒤에 태어난 이들이었으나 그들은 항상 "깨어 나아가고" 있었다. 비록 멈추기도 하고 잠시 쓰러지기도 했을망정.

학생들을 강당에 불러모았다. 장재성은 지금까지 가동해 온 조직을 총동원해서 몇 가지 행동지침을 결의했다. 그중 핵심은 이것이었다.

"투쟁 대상은 광주중학(일본인 학교)이 아니라 일본제국주의다."

즉 욱하는 마음을 엉뚱한 데 토하지 말고 허수아비가 아닌 그 주인을 때리라는 간단하지만 핵심적인 논리였고, 이는 광주 학생들의 마른 짚단 같은 마음들 사이에서 불씨가 되어 떠다닌다.

장재성, 그를 죽인 것은 일제가 아니라 해방된 조국의 경찰이었다. 광주의 영웅은 일제강점기 당시 숱하게 드나들었을 바로 그 감옥에 갇혀 있다가 죽었다. 4·19 후 민주당 정부는 장재성의 공로를 인정하여 훈장을 수여하기로 결정했으나 5·16쿠테타 후 다시금 서훈 자격을 박탈당한다. 참으로 어이없는 후손들의 장난도 아닌 장난질.

그날 광주는 검은 교복의 바다

11월 12일 2차 시위가 결행된다. 그런데 이즈음 독서회 내부에서는 '1980년 5월 광주'를 예언하는 듯한 우려가 있었다고 한다.

"이 시위가 확대되지 않고 광주에서만 그친다면 우리만 다치고 깨지는 것 아니냐."

그들 앞에 나타난 것이 장재성이었다. 그는 광주에서 시위가 성공적으로 이뤄진다면 그것이 전국적으로 번져 나갈 것이라는 암시를 준다. 아마도 이런 식이 아니었을까.

"광주가 아싸리하게 혀 불면 쩌그 신의주라고 거시기 허겄냐."

마침내 12일, 광주 시내는 학생들의 검은 교복의 바다가 된다. 광주에서 솟은 불길은 일제 당국의 악착 같은 보도 통제 속에서도 인근의 목포, 나주, 함평으로 번졌고 한 달 뒤에는 서울 시내 학생들이 들고 일어났다. 10여 개가 넘는 격문이 뿌려졌는데 그중 하나의 내용은 이렇다.

그대들이여! 궐기하라! 우리들의 피 마지막 한 방울까지 조선 학생의 이익과 약소민족의 승리를 위해 항쟁적 전투에 공헌하라. 미래의 세계를 소유한 피압박 대중에게는 자신이 묶여 있는 쇠사슬 외에는 상실할 아무것도 없는 것이다.

조선 전초군인 피압박 학생대중이여! 전투적 반항으로 학살된 광주사건을 지지하고 성원하자. 미래의 역사는 우리들의 것이다. ……(김성민, 《광주학생운동 연구》).

서울에서만 1만 2천 명의 학생이 참여했고 체포된 사람만 1천 4백 명이 넘었다. 해가 바뀌자 평양 학생들도 팔을 걷어붙였고 함흥·원산·개성 등 전국으로 확대됐다. 우리 항일운동 역사의 가장 큰 봉우리 중의 하나 '광주학생운동'의 이름이 힘차게 융기했던 것이다.

그러나 정작 장재성은 일제 경찰의 예비검속에 걸려 거사 전날인 11일 경찰서로 끌려간다. 그를 필두로 경찰에 연행된 학생 수는 260명. 광주 시내 고등보통학교 학생의 20퍼센트였다. 그중 장재성은 최고 형량인 징역 4년형을 선고받았다. 일본 경찰 인증 주동자가 된 셈이다. 최후진술에서 그는 이렇게 말한다.

"일동이 원기왕성하게 각기 고향으로 돌아갈 것을 기대한다. 사회에 나간 후에는 더욱 참사람답게 살아가기를 원한다."

그는 1934년 졸업한 후 일본으로 돌아가 학업을 이어 갔지만 광주학생운동이라는 어마어마한 파문을 겪은 일본 당국의 감시는 촘촘하기 그지없었다. 그는 1937년 또 한번 체포돼 3년간 옥고를 치르고 출소한다. 그토록 독살스런 눈길 하에서 장재성의 운신의 폭은 좁았지만 그래도 학생들의 독서회에

도움을 주고 청년들을 규합해 각지로 봉사활동을 다니는 등 (함경도 장진까지도 다녀왔다고 한다) 식민지 청년으로서의 긴장 감을 간직한 삶을 살았으니 그는 항상 "깨어 있어 나아가는 [醒進]"사람이었다.

광주학생운동이라는 독립운동사의 금자탑을 쌓아올리는 데 지대한 공헌을 했던 장재성의 이름이 우리 기억과 손길로부터 멀어진 이유는 그가 좌익으로 규정되었기 때문이다. 실제로 그는 사회주의 정당 조직에 가담하기도 했고, 해방 뒤에는 건국준비위원회 활동을 하면서 북한에 다녀오기도 했다. 이 북한 행으로 그는 국가보안법 위반자가 돼 광주학생운동의 주동으로 받은 형(1심은 7년이었으나 2심은 4년으로 감형)보다 긴 7년형을 받는다. 그가 진짜 충실한 사회주의자였는지, 분위기에 휩쓸린 민족주의자였는지를 장담할 수 있는 사람은 없다. 극좌부터 극우까지 총천연색의 정치적 스펙트럼이 생생하게 살아 있던 당시에 북한에 갔다왔다는 이유로 빨갱이라고 단정 짓는 것은 지나치게 무리한 처사이기 때문이다. 그러나 그가 부인에게 남겼다는 말 한 마디는 그의 사상적 방황(?)이나 그 내면의 성향의 일단을 단편적이나마 드러내 준다.

"나는 아무래도 그쪽하고는 안 맞는 것 같다. 너무들 과격해."

'좌익' 명목 총살에 훈장도 배제돼

장재성이 '그쪽' 하고 맞지 않았는지 모르지만 '이쪽' 으로부터는 아예 버림을 받는다. 한국전쟁이 발발할 당시 광주교도소에 갇혀 있다가 후퇴하는 경찰에게 총살당한 것이다. 1962년 독립운동가들을 대거 훈포장할 때 건국공로 훈장 대상자로 올랐다가 역시 좌익이라는 이유로 그의 이름은 제외되고 말았다. "알려진 바로는 장씨에 대한 취소는 공산당에 관련한 혐의 때문이라고 한다"(《동아일보》 1962. 3. 1). 장재성과 그의 생애가 정치적으로 암매장됨과 동시에 광주학생운동은 여학생의 탐스러운(?) 댕기머리가 불러일으킨 패싸움이 자연 발화된 산불 같은 사건으로 역사 교과서에 남게 된다.

부지런하고 우직한, 그래서 바보스러울 만큼 정의로웠던 사람들에게 우리 역사만큼 잔인한 역사도 드물 것이다. 그러나 또 이상한 것은 그렇게 좋은 사람들이 참담하게 스러지고 소리 소문 없이 사라져 간 역사를 알면서도, "독립군 하면 3대가 망한다"는 속설이 거의 명백한 진리로 통용되는 냉랭한 분위기에서도 정의에 목마른 사람들이 끊임없이 생겨난다는 것이다. 11월 3일은 학생의 날. 그런 청춘들을 대대로, 그리고 수없이 배출한 날이었다.

장재성도 그중의 한 빛이었을 것이다. 보름달만큼 밝았지만 역사의 블랙홀로 흔적도 없이 빨려들어 간 한 줄기 빛이었을 것이다. 이제라도 11월 3일 학생의 날에 이르면 그 이름 석 자를 더듬어 보게 된다. 장재성. 제국주의의 침략과 그에 맞선 투쟁 과정에서는 말할 것도 없거니와 해방을 맞고 저마다의 나라를 세우고 결국은 거대한 충돌을 빚는 와중에서 우리는 너무나 많은 사람들을 잃었다. 대부분의 정치적 사안에 이승만과 뜻을 함께 했던 백범 김구를 이승만의 정치적 맞수인 듯 묘사하는 일을 보며 고개를 갸우뚱하다가도 백범의 왼쪽에 서 있던 사람들이 어떤 운명을 맞았는가를 생각하면 서둘러 머리를 끄덕이게 되고 마는 것이다.

우리는 그들을 잃었고 또 잊었다. 3·8선을 넘으면서 왕년의 의열단장 김원봉은 어떤 생각을 했으며 일본도 아닌 신생 조국의 감옥에서 느닷없이 끌려나와 "장재성 총살!" 소리를 천둥처럼 들었을 '광주학생운동의 배후 조종자' 장재성의 마지막 얼굴은 어떤 빛이었을까.

* 이 꼭지는《발굴 한국 현대사인물》(한겨레출판사) 장재성 편을 바탕으로 썼음을 밝힙니다.

장재성

광주학생 1차 시위 후 학생들의 결의사항
"우리의 투쟁대상은 광주중학생이 아니라 일본제국주의이니 투쟁방향을 일제로 돌릴 것!"
"광주중학생에 대한 적개심과 투쟁을 일제에 대한 증오와 독립투쟁으로 바꿀 것!"
"광주중학생과 대치중인 광주고보생을 해산시키지 말고, 광주고보로 집합시켜 적개심에
불타는 학생들을 식민지 강압정책 반대 시위운동으로 돌릴 것"
그리고……
"장재성이 시위운동을 직접 지도할 것"

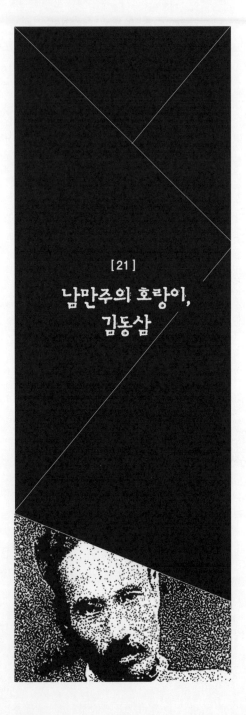

[21]

남만주의 호랑이,
김동삼

노름판에서 나온 독립자금

1923년 1월 3일 상해에서는 그 전에는 당연히 없었고 그 후로도 드물었을 행사 하나가 열린다. 국내외 35개 독립운동단체의 대표 140여 명이 한 자리에 모인 것이다. 임시정부가 수립된 지도 몇 년이 지났지만 그 내부의 파벌 다툼은 잦아들 줄 몰랐고 어떤 이들은 임시정부의 미적지근함을 비판하며 떠나기도 했으며, 미국·러시아 등 해외 각지 독립운동 단체들의 입장들도 저마다 다 다른 상황이었으나 어쨌건 한 자리에 모이는 것이 필요했다. 1923년 1월 3일 그 꿈이 이루어진 것이다. '국민대표회의'의 개막이었다. 각지에서 모인 각양각색의 대표들의 추대로 그 회의를 이끈 이는 안창호를 비롯한 쟁쟁한 인사들의 추대를 받아 의장직을 맡은 김동삼이라는 사람이었다.

그는 퇴계의 수제자로 이름 높은 의성 김씨 학봉 김성일의 후손이고 경북 안동 사람이었다. 안동이라는 곳은 참 재미있는 고장이다. 꼬장꼬장하고 꽉 막힌 양반들의 근거지이면서 수백 명의 진취적인 독립운동가를 배출한 곳이기 때문이다. 퇴계의 수제자라 할 학봉 김성일의 후예인 의성 김씨(아마 오늘날에도 이 말을 들으면 발끈할 가문들이 있을 것이다. 학봉보다 우리 조상님이야! 하면서 …… 그것이 안동이다) 집성촌인 내앞[川前] 마을은 독립유공자가 수십 명이 넘는다. 의성 김씨 종손이었던 김용환은 이른바 '파락호破落戶 독립운동가'로 유명하다. 종손 재산을 노름판에 다 털어 붓고 심지어 외동딸의 장롱까지도 노름판에 저당 잡히는 망나니로 소문났던 김용환은 사실상 노름판을 빙자해 독립운동 자금을 대고 있었다고 한다. 집안에 독립운동가도 많고 자신도 그 화를 입은 적이 있는 터라 철저한 위장으로 평생을 지낸 결과였다는 것이다. 물론 이 이야기의 신빙성을 부인하는 사람들도 있으나 몇 가지 사실의 조각들은 발견할 수 있다. 재산을 맘대로 탕진할 수 있을 만큼 종손의 권위가 드높은 보수적인 동네였다는 것, 또 그 가문 사람들이 떼를 지어 독립운동에 나선 일본 경찰 지정 '요주의 가문'이었다는 것. 김동삼(1878~1937) 역시 그 의성 김씨의 일원이었다.

보수 고향 안동에 '협동학교' 세우다

일찍이 신문화에 눈을 뜬 김동삼은 이 보수의 고장 안동에서 개혁지향적인 동료들과 함께 협동학교를 세우고 개화에 앞장선다. 그는 협동학교의 발기인이었다. 협동학교는 1907년 김동삼을 비롯해 유인식, 김후병, 하중환 등의 발의로 안동 가산서당(현 천전초등학교) 자리에 문을 연 3년제 중등교육기관이었다. 교장 김병식을 비롯해 김동삼, 이강연, 이관직, 김기수 등이 교단에 서서 계몽운동 차원의 교육구국운동 기관으로서 계몽교육의 확산 역할을 했다.

우리 안동은 옛날부터 학문을 쌓은 훌륭한 선비가 많이 배출된 곳이고, 학문의 운기가 일찍이 열리어 나라의 예우가 있었고, 온 국민이 많이 배출된 곳이고, 학문의 운기가 일찍이 열리어 나라의 예우가 있었고, 온 국민이 기대하던 희망이 가장 두터운 고을이었다. 그러한 즉 우리 안동 인사는 국가에 대한 책임이 가장 무겁지 아니한가, 우리 안동 인사가 가장 무거운 책임을 짊어지고 있음을 스스로 알지 못하여, 다른 여러 고을의 사람들이 다투어 가며 개화를 소리치고 있는데, 우리는 홀로 이 어둠 속에서 헤매고 있겠는가!(《협동학교 발기문》).

그러나 인습의 힘은 무서웠다. 위정척사를 외치는 안동의 의병들이 '일본놈처럼' 머리 깎은 신식학교를 공격해 교사 세 명이 죽는 참극이 빚어진 것이다. 학교 교장으로 있던 유인식은 집안으로부터 절연을 당했고 안동 보수 유림의 반발로 학교는 폐교 위기까지 몰렸지만 이 위기로부터 학교를 구한 것 또한 김동삼을 비롯한 청년교사들이었다. 그들은 조선 최고의 '꼴통 지역'의 한계를 극복하고 마침내 1911년 협동학교의 첫 졸업생을 배출한다. 그리고 김동삼은 마치 자신의 할 일을 다했다는 듯이 고국을 떠난다. 석주 이상룡 등 안동의 진취적 유림들과 뜻을 함께하고 아버지 김대락을 비롯해 모든 가족이 만주로 망명한 것이다. 가장 고루한 고장의 진취적인 행렬이었다. 안동에서만 100가구, 1,000여 명이 행랑을 챙겨 만주로 떠났다. 김동삼의 고향 내앞마을, 한때 하회마을과 쌍벽을 이룬 의성 김씨 집성촌에서만 150여 명이었다.

김동삼은 만주에서 안동에서처럼 학교를 세우고 사람을 길러 냈다. 그는 '남만주의 호랑이'라고 불리는 무장투쟁론자였으며 좌우와 지방을 망라하는 단일한 민족 대오를 유지하기 위해 애썼다. 그의 본래 이름은 김긍식이었으나 '중국 동

남자 나이 마흔을 넘기면 그 얼굴에 책임을 져야 한다고 했던가. 어떤 마음가짐으로 어떤 생활을 했는지가 그 얼굴에 드러난다는 뜻이겠다. 카메라를 날카롭게 응시하고 있는 김동삼의 호상虎相을 보면 새삼 그의 험난한 일생이 눈앞에 그려진다.

삼성, 즉 만주의 동포들을 하나로 묶어 세우겠다'는 뜻으로 이름을 김동삼으로 바꾸고 평생 그 이름으로 살았다. 첫머리에 언급한 국민대표회의에서 대표들의 뜻을 하나로 모으는 데 실패한 이래 그는 만주로 돌아와 무장투쟁에 골몰했다. 두 번이나 상해 임시정부 국무원에 임명됐지만 만주를 떠나지 않았다. 그의 사돈 이원일의 회고록에 따르면 김동삼은 "담요 한 장을 메고 싸구려 좁쌀떡으로 끼니를 때우고 겨울에도 싸이혜라는 여름신발을 신고 백여 리 씩 걸으며" 동포들을 찾아다녔다.

만해 한용운의 집 심우장. 성북동 자락에 "총독부를 쳐다보기 싫다"며 북향으로 지어진 그 집에 남만주의 호랑이 김동삼의 영구가 놓였다. "조선은 반드시 해방될 것이지만 큰 혼란을 겪을 것이다. 그 혼란을 수습할 이는 일송 뿐이다"고 했던 한용운은 평생에 드물게 큰 통곡으로 김동삼의 장례를 치렀다.

동북3성 동포를 하나로

그는 1931년 일경에 체포되어 고국으로 돌아오게 된다. 사돈인 이원일, 경북 영양 출신의 여성 독립운동가 남자현과 항일공작을 추진하기 위해 하얼빈에 잠입했다가 일경에 피검된것이다. 10년형을 언도받은 그는 서대문 형무소에 갇혔는데거기서도 의기를 잃지 않았다. 함께 수감돼 있던 사회주의자김철수에 따르면 그의 위세는 당당했으며 수감자들의 지도자격이 되어 형무소장이 무릎 꿇고 사과하게 만들었던 강골이었다고 한다.

그의 아내 박순부는 남편을 따라 망명한 이래 20년 동안 남편 얼굴을 몇 번 보지도 못한 채 무진 고생을 하며 자식들을길러 냈다. 그러면서도 그녀는 남편이 체포됐을 때에는 단 한번도 면회를 가지 않았다. 행여 남편의 맘이 약해질까 두려웠던 것일까.

하얼빈 영사관에서 체포되어 가족이 면회를 가는데 시모친은 남편을 만나러 가지도 않았다. 이렇게 남편을 위하는 것이 나라를 위하는 것이라는 시어머님 생각은 구식여성으로서는 거룩하다고 생각한다. 평생 남편에 대해 불평 한마디없었고, 말없이 참고 침묵으로 살아온 시어머님의 일생은훌륭하다고 생각된다. 시아버님께서 직업혁명가로 평생을 국권 회복을 위하여 공을 세웠다면 그 속에는 시어머님 몫도 있다고 생각한다(김동삼의 며느리 이해동의 회고록, 《만주생활 77년》).

1931년 체포된 김동삼이 10년형을 받고 1937년 옥중에서 숨을 거둘 때까지 부인은 남편을 찾지 않았다. 차라리 모질다고 해야 할까. 아니면 남편의 뜻이 그토록 드높아서 범접하기 어려웠던 것일까.

오히려 가족에 대한 애틋함을 드러낸 것은 김동삼쪽이었다. 옥중에서 김동삼은 가족에 대한 그리움과 사랑을 그득 담은 편지를 보낸다. 얼마나 미안하고 또 그리웠을까. 김동삼의 가족들은 그 편지를 받고서 평생 처음이었을 가족사진을 찍는다. 중국인 복색의 남정네들 앞에는 저고리와 치마 차림의 여인들이 아이들을 안고 앉았다. 옥중에서 이 사진을 받아 본 김동삼은 다들 잠든 밤에 홀로 깨어 쇠창살 부여잡고 소리 없는 피울음을 토했을 것이다. 손주를 안고서 꼿꼿이 앉은 아내 박순부의 옆자리가 사무치게 그리웠을 것이다. 김동삼이 위독하다는 소문이 들리자 가족들은 서둘러 경성으로 향했다. 그때 며느리 이해동이 내민 돈이 있었다. 뻔히 사정을 아는 처지에 나올 구멍이 없는 노잣돈이 등장하니 김동삼의 아들들은 놀랐다. "아니 여보 이게 웬 돈이오?" 사연이 깃든 돈이었다.

시집온 지 얼마 안 되었을 때 홀연 며느리를 찾은 시아버지 김동삼은 며느리의 살림 솜씨를 칭찬하며 양장 치맛감 두 벌과 지폐 50원을 내놓았는데 며느리는 감히 그 돈을 쓰지 못하고 보관하고 있었던 것이다.

"이렇게 쓰게 될 줄은 몰랐습니다. 서둘러 가세요."

그러나 그조차 부족하여 둘째아들이 먼저 출발하고 장남은 뒤따라가기로 했는데 둘째아들이 경성에 닿기 전 김동삼은 세상을 떠난 뒤였다.

김동삼은 그의 나이 만 59세가 되던 1937년 4월 13일(음력 3월 3일) 형기를 채우지 못하고 8년 만에 사망한다. 발 벗고 나서서 그의 장례를 챙긴 것은 만해 한용운이었다. 한용운은 한때의 동료 최린과 마주했을 때 "최린은 이미 죽었다!"고 일갈하고 최남선이 어린 딸에게 돈을 쥐어 주고 가자 그 돈을 들고 십 리를 달려가 최남선에게 던져 주고 돌아올 만큼 서릿발 같은 성격이었지만 김동삼의 시신을 자신의 집으로 옮긴 뒤 하염없이 울었다. 평생에 그렇게 운 적은 한 번도 없었다 할 만큼 울었다. 김동삼의 유언은 짤막하고 비장했다.

"나라 없는 몸 무덤은 무엇 하느냐. 불살라 강물에 띄워라. 혼이라도 왜적이 망하고 조국이 독립되는 것을 지켜보리라."

그리고 한용운은 이렇게 부르짖었다.

"이 사람이 아니고 어찌 대사를 이룰 수 있으랴."

일제 경찰의 감시의 눈 번득이던 장례식장 풍경은 쓸쓸했다고 전한다. 홍명희, 허헌, 이극로, 정인보 등등 여러 사람이 찾아 온 가운데 홍안의 젊은이 하나도 끼어 있었다. 안동 근처 영양 사람으로 시인 조지훈이었다. 그는 아버지를 따라 장례식에 참석하여 그 풍경을 기록해 두었다.

일송 선생의 장삿날 20명 안팎의 참석자 속에 연연하시던 그 모습, 와야 할 조객들이 일제 관헌의 눈치를 꺼려 오지 못하고 조사 낭독 하나만으로 제약된 영결식에 조사의 낭독을 고향의 고인 후배라 하여 내 아버지에게 미루시고 묵묵히 저립 佇立(우두커니 서 있음)하시던 모습은 지금도 나의 인상에 깊이 남아 있다.

그렇게 남만주의 호랑이 김동삼은 포효를 멈추었다. 그러나 그 후손들의 고생은 여전하고 오히려 더욱 비참했다.

일송一松 김동삼의 아내가 만주로 간 후 남편을 만난 것은 단 두 번뿐이었다. 가족을 돌보던 동생은 1920년 독립군의 무력 작전에 대한 보복으로 비참한 죽음을 당했다. 맏손자 장생은 해방 후 공부를 하러 서울로 갔다가 행방불명되었다. 만주에 남은 가족들은 마적 때문에 땅을 일군 하얼빈 취원창을 떠나야만 했고, 공산화 이후에는 취원창의 땅이 넓었다는 이유로 지주 계급으로 분류되어 고난을 당했다.

일송의 맏아들 정묵은 그때 맞아서 앓다가 1950년 4월 세상을 떠났다. 같은 해 10월 일송의 부인이 역시 만주에서 세상을 떠났다. 맏며느리 이해동은 남편과 아들을 잃고 후에 귀국을 했다. 일송의 손녀 덕생은 남편을 따라 북한에 갔다가 신의주에서 폭격으로 사망했다. 늦게 본 딸 영애는 58년이 지난 1989년에야 국립묘지에 있는 일송의 가묘에 성묘를 할 수 있었지만 국적 문제로 힘들어하다가 이듬해 세상을 떠났다(김희곤, 《만주벌 호랑이 김동삼》).

우리의 오늘은 상처 입고 스러져 간 호랑이들과 그를 따랐던 가족들이 흘린 피눈물 위에 떠 있다.

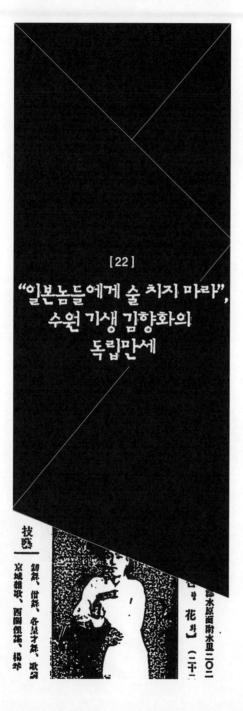

[22]
"일본놈들에게 술 치지 마라", 수원 기생 김향화의 독립만세

관서 지방의 암행어사로 나섰던 박내겸의 기록인 《서수일기》
에 보면 기생들에 대한 얘기가 곧잘 등장한다. 한번은 자신의
신분을 숨기고 빈털터리 귀양객 행세를 하며 기생들 틈에 끼
었는데 기생이 싱긋 웃으며 "떨어진 도포에 찢어진 신발 차림
이지만 …… 버젓한 걸음걸이로 들어온 걸 보니 예삿분 같지
않소이다" 하면서 그의 정체를 알아본다. 어마 뜨거라 줄행랑
을 친 박내겸은 기생들을 두고 각지에서 몰려드는 다양한 사
람들 만나다 보니 소식에 매우 빠르고 사람들에 대한 판단이
정확하다는 평을 남긴다. 실제로 기생들은 오늘날 우리가 생
각하는 모습과는 꽤 많이 다른 면을 지닌다.

　물론 해어화解語花, 즉 사람이 아닌 말하는 꽃으로 불리는
미천한 신분인 것은 틀림없었으나 어려서부터 엄격한 교육을
받고 다방면의 재능을 익힌 이들도 많았다. 조선 시대 언로의
상징과도 같은 상소문들을 실은 책 《상소》는 그 첫머리에 기
생 초월의 상소를 싣고 있다. 그녀는 조선 헌종 때 사람으로
평안도 용천 출신의 기생이었다가 북경에 서장관으로 다녀오
던 심희순의 눈에 띄어 그 첩이 되어 한양 땅을 밟게 되는데
나이 열다섯의 이 맹랑한 기생은 임금에게 그야말로 '간이
배 밖에 나온' 상소문을 올려 역사에 그 이름을 남긴 바 있다.

주리고 목마른 것이 뼈에 사무쳐 얼굴이 퉁퉁 붓고 거죽이 누렇게 들떠 염치불구하고 문전걸식해도 제대로 얻어먹을 수 없습니다. 길에는 굶어죽은 주검이 엎어져 있고, 들과 구렁에는 송장이 널린 것을 보았습니다. 그래도 그때는 간혹 인심이 순박하고 두터운 곳이 많았는데 요즘은 풍년을 당해도 세태가 각박합니다. ……

이렇게 백성들의 피폐한 삶을 고발하는 정도는 아무것도 아니다. 다음과 같이 임금의 행실을 구박하는 대목에 이르면 입이 쩍 벌어질 수밖에 없다.

전하께서는 밤늦게 술을 마셔 눈이 게슴츠레하고 옷고름을 매지 못할 만큼 몸을 가누지 못하면서 익선관도 벗어 버리고 왼손으로 기생의 치맛자락을, 오른손으로 지팡이를 짚고 난간에 기대서서 '사대부 집 조선 대사마 대장군 여기 있다'고 노래를 부르시니 전하의 출신이 사대부 집안에서 난 분보다 못해 하시는 말씀입니까.

구중궁궐의 일을 그녀가 어찌 안 것인지 모르나 상소문 읽는 임금 등줄기에는 식은땀이 폭포수처럼 흘렀으리라. 초월은 또한 임금이 군기 확립의 일환으로 창경궁 춘당대에 병사들을 모아 놓고 일종의 모의전투를 벌인 것을 두고도 잔뜩 씹어 대는데 그 마지막 말은 폭소를 피할 수 없게 만든다.

백성들이 무어라 하는지 아십니까. '이번에는 전하께서 이
기셨다는군. 그런데 무슨 전쟁을 한 거야. 임진왜란이야 병
자호란이야.'

옛 임금 위패 자리에 들어선 일본 병원

이렇듯 열다섯 초월의 상소문을 보면 기생들에 대한 관념이
술 치고 노래하는 '노는 계집' 만으로 바라보았다가는 큰코를
다쳐도 여러 번 다칠 듯하다. 초월의 고향 평안도 감영이 있
던 평양은 콧대 높은 기생들로 이름이 높았으며 황진이로 대
변되는 송도 기생, 귀양객 이광덕과의 슬픈 러브스토리로 유
명한 가련可憐 등의 함흥 기생, 한국 현대사의 지성이라 할 리
영희 교수가 젊은 시절 장교로 술집에서 객기를 부릴 때 "그
렇게 사람을 총으로 겁을 줘서 마음대로 할 수 있다고 생각하
면 안 됩니다. …… 진주 기생은 강요당해 아무데나 따라가지
않습니다"《대화》라고 바위처럼 말하여 리영희로 하여금 큰
절을 하게 만들었던 진주 기생, "이화우梨花雨 흩뿌릴 제 울며
잡고 이별한 님/추풍낙엽秋風落葉에 저도 날 생각난가/천 리
에 외로운 꿈만 오락가락 하노매" 하는 절창을 남긴 부안 기
생 이매창을 위시한 호남 지역 기생 등등 조선 팔도 곳곳에는

나름의 내력과 자존심을 지닌 기생들이 버티고 있었다. 그 가운데에는 수원 기생들도 있었다. 정조 때 임금의 신임을 한몸에 받았던 채제공은 화성행궁의 봉수당 진찬연을 보고 이런 시를 읊은 적이 있다.

풍악이 울려 퍼지는데 기생은 꽃같이 아름다워
채색주렴이 봉수당에 높이 걸려 있네.
땅의 신령함이 성대에 보효하고
하늘의 상서를 내려 우리 왕을 기쁘게 하네. (하략)

정조의 수원 화성 건설 이래 수원은 더욱 번화한 도시가 됐다. 수원 기생들은 관기官妓로서 수원 화성 행궁에 소속돼 있었다고 한다. 그러나 개화와 식민 통치의 드센 물살은 온존하던 모든 것에 밀려들었고 기생들도 그를 피해 가지 못했다. 일제 통치가 시작된 이후 기생들은 권번이라는 조직에 편입되어 이른바 위생검사부터 개인적 신상명세까지 행정적 통제를 받아야 했다. 그들에게는 한 달에 한 번씩 위생검사, 즉 성병검사가 의무적으로 시행되었는데 하필이면 그 검사처인 자혜병원은 정조의 위폐와 어진이 모셔져 있던 화령전에 처음 설치됐고 이후 화성 행궁의 정궁正宮이라 할 봉수당 자리로 옮겼다. 광화문을 헐어 버리고 조선총독부를 짓는 풍경을 상상하면 될 것 같다.

'말하는 꽃' 기생들이지만 하늘같이 받들던 옛 임금의 위패가 엄존하던 곳에 일본인 의사들이 진을 치고 기생들에게 호통을 치는 모습에는 심사가 뒤틀렸을 것이다. 스물셋의 기생 김향화는 그 포한을 가슴속 깊이 포개고 있었다.

김향화(1897~?)는 수원 권번 소속 가운데 두 번째 '왕언니'였다. 1918년에 만들어진《조선미인보감》에 따르면 "검무, 승무, 정재춤과 가사, 시조, 경성잡가, 서관소리, 양금치기, 막힐 것이 바이 없고, 갸름한 듯 그 얼굴에, 주근깨가 운치 있고, 탁성인 듯 그 목청은, 애원성이 구슬프며, 맵시동동 중등키요, 성질 순화 귀엽더라"고 기록할 만큼 수원을 대표하는 기생이었다.

멸시받고 천대받고 나라로부터 은혜라고는 별반 입은 것도 없는 사람들이 먼저 일어서고 그나마 그들이 가진 것 전부를 내던지는 것이 역사에서 비일비재한 나라가 지구상에 또 있을지 모르겠다. 경찰서 앞에서 울려 퍼진 기생들의 독립만세. 상상할수록 가슴이 저민다.

그러던 중 1919년 1월 고종 황제가 승하했다는 소식이 들려 왔다. 수원 일대의 술집은 문을 닫았고 기생이고 광대고 죄다 일손을 놓았다. 즉위한 지 근 반세기, 망국의 황제일망정 격변을 함께한 군주는 민중들에게 심후한 그림자를 드리우게 마련이었다. 덕수궁 앞은 상복 입은 조선인들의 통곡으로 뒤덮였다.

"우리도 올라가자! 황제 폐하께 마지막 인사라도 드리자."

김향화를 비롯한 20여 명의 기생들은 상복 입고 나무비녀 꽂고 경부선 열차로 상경해 덕수궁 앞에서 호곡했다.

기생들의 독립만세운동

그로부터 한 달여 뒤 파고다 공원에서 울음 같은 '대한독립만세' 소리가 폭발했고 그 폭음은 삼천리 방방곡곡로 퍼지기 시작했다. 경상도의 대처라 할 진주에서는 3월 16일 장터의 거지들이 만세를 불렀고 이어 3월 19일에는 진주의 기생들이 '우리가 죽어도 나라가 독립되면 한이 없다'고 시위를 벌였다. 가장 대우받지 못했던 이들이 가장 용감하게 일어서는 이 나라의 희한한 역사 한 자락이 또 펼쳐진 것이다. 수원 기생들도 이 소식을 들었을까.

3월 29일은 수원 권번 소속 기생들의 검진일이었다. 기생 33명은 함께 길을 나섰다. 병원 가는 길에는 기생들을 단속하고 못살게 굴던 수원경찰서가 있었다. 우는 아이도 순사가 온다면 그치고 조선인들에 대한 매질이 합법이던 시절, 김향화와 33인의 기생들은 일본 경찰들이 입을 쩍 벌리게 하는 행동을 벌인다. 그 정문 앞에서 "대한독립만세"를 부르짖은 것이다. 장구에 맞춰 소리를 부르던, 술 사내들 속을 녹이던 그 간드러진 음성들은 칼날처럼 경찰서를 겨누며 수원 하늘을 쩌렁쩌렁 울렸다.

3월 25일부터 수원 인근이 조용하지 않았지만 일제 경찰은 기생들이 이렇게 나올 줄은 꿈에도 몰랐고 곧 잔인한 진압에 들어갔다. 10대의 소녀도 포함된 기생들이 비명을 지르며 짓밟히고 끌려가자 지켜보던 시민들도 울컥했다. 기생들의 독립만세를 들으며 얼마나 부끄러웠을까. 얼마나 그 얼굴이 뜨거웠을까. 시위는 과격해졌고 돌이 날아가고 총성이 울리고 사람들이 쓰러졌다. 이에 자극받은 일본인들 역시 잔학을 더했으니 4월의 제암리학살로 그 절정을 맞게 된다.

김향화는 징역 6개월을 선고받지만 그녀가 감옥에서 어떤 취급을 받았을지는 짐작하기 어렵지 않다. 징역 선고 기사 후 그녀의 이름은 역사에서 사라진다. 본명이 순이었던 김향화가 이후 어떤 삶을 살았는지 혹은 감옥에서 시들었는지는 누구도 모른다. 다만 시인 고은이 시집《만인보》에서 〈기생독립단〉이라는 시를 통해 그녀를 보존하고 있을 뿐이다.

아름다운 김향화 가로되
아무리 곤고할지라도
조선사람 불효자식한테는 술 따라도
왜놈에게는 술 주지 말고
권주가 부르지 말아라.
언니 언니 걱정 말아요
우리도 춘삼월 독립군이요.

어디 김향화와 수원 기생 뿐이었으랴. 한국 최초의 여기자 최은희가 쓴 《한국 근대 여성사》(상)에는 1919년 9월 부임한 일본 치안 책임자 지바료의 증언이 실려 있다.

우리가 처음 부임하였을 때 경성 화류계는 술이나 마시고 춤이나 추고 놀아나는 그런 기색을 전혀 보이지 않았다. 8 백 명의 기생은 화류계 여자라기보다는 독립투사라는 것이 옳을 듯했다. 기생들의 빨간 입술에서는 불꽃이 튀기고, 놀러오는 조선 청년들의 가슴속에 독립사상을 불지르고 있었다. 경성 장안 백여 처 요정은 불온한 소굴로 화해 버렸다. 간혹 우리 일본인들이 기생집에 놀러 오는 일이 있어도 그 태도는 냉랭하기가 얼음장 같고 이야기도 않거니와 웃지도 않는다. 그 분위기야말로 유령들이 저승에서 술을 마시는 기분이다.

상상해 보면 가슴이 저민다. 술 팔고 웃음 팔아야 살 수 있었던 기생들이 돈다발 들고 온 일본인들 앞에서 얼음장으로 변해 입을 한 일—자로 다물고 유령처럼 버티고 앉은 그 모습들. 조선 청년들이 와자하게 들이닥치면 "여러분이 지금 이러실 때입니까. 우리 치마폭에 돈 던질 때입니까"라며 '독립 사상을 불지르던' 풍경들. 위에 언급된 최은희 자신 3·1항쟁에 참여했다가 해주 감옥에 갇혔는데 당시 잡혀 온 기생들이 얼마나 험한 꼴을 보았는지를 기록하고 있다.

"그녀들은 온몸에 멍이 들고 화상을 입어 시퍼런 맷자리는 구렁이를 칭칭 감아 놓은 것처럼 부풀어 올라서 차마 눈으로 볼 수가 없었다."

도대체 그들은 백성들 피 빨아먹기만 하다가 전쟁 한 번 제대로 해 보지 않고 이웃나라에 송두리째 먹혀 버린 '나라'로부터 무슨 은혜를 입었기에 그렇게 앳된 목소리에 날을 세워 독립만세를 외쳤던 것일까.

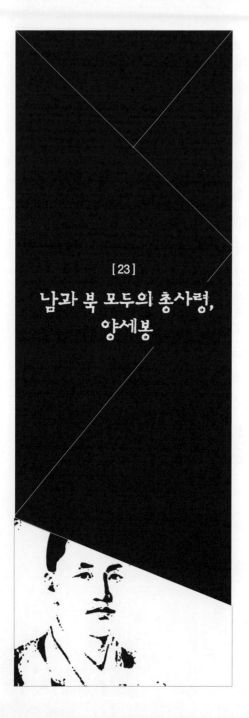

[23]
남과 북 모두의 총사령,
양세봉

남과 북 국립묘지 모두 모신 한 사람

남과 북이 원수처럼 갈라서고 양측이 전면전으로 수많은 피를 흘린 이후 남과 북의 국립묘지는 모두 만원사례를 이뤘다. 그곳에 묻힌 사람들은 대개 다른 한편에게는 적이었고 단지 그가 그곳에 묻혀 있다는 이유만으로 다른 쪽에선 무시되거나 배제되기 십상이었다. 한쪽에 의해 추앙받는 사람은 한쪽에선 역적이었고 한쪽에서 손가락질 받는 이가 다른 한쪽에서는 영웅으로 등극하는 일은 흔하디흔했다. 그런데 유일하게 남과 북 양쪽의 존경을 받고, 비록 시신이 없는 허묘일망정 남과 북의 국립묘지 모두에 그 유택을 남기고 있는 사람이 있다. 양세봉(1896~1934)이라는 인물이다.

그는 평안북도 철산 출신으로 어려서 집안이 빈한하여 동네 서당의 소사 일을 하면서 지냈다. 그가 열다섯 살 되던 해에 대한제국이 멸망한다. 초야에 묻힌 우국지사였던 훈장은 그날로 글 가르치는 일을 그만두고 마을을 떠난다. "나라가 망했는데 글이 무슨 소용이랴?" 했을 수도 있고 훗날의 양세봉같이 독립운동을 시작하려는 마음이었을지도 모르겠다. 어쨌건 훈장은 양세봉의 아버지에게 양세봉의 미래를 예고하는 듯한 말 한마디를 남긴다.

"세봉이는 영특한 아이입니다. 평생 농사를 지을지언정 일 본놈들을 위해 일하게 하지는 마시오."

아버지는 그 말을 지킬 새도 없이 일찍 세상을 떴고 양세봉은 가족들을 거느린 10대 가장이 되었다. 식민지 조선 땅에서 땅 부쳐먹기도 쉽지 않았던지 양세봉은 가족들과 함께 당시 수많은 농민들처럼, 또 압록강 이남으로부터 눈을 떼지 못하고 복수심에 불타오르던 독립군처럼 압록강을 건넌다.

그와 그의 일가가 자리 잡은 곳은 지금의 요령성 신빈현이었다. 지금은 퇴락한 마을에 불과하지만 1920년대 말 신빈현 내 왕청문이라는 곳에는 독립군 통합정부인 국민부의 수도가 자리하고 있었고, 조선 동포들은 그곳을 '서울'로 부를 정도였다.

압록강 넘나들며 무장투쟁

양세봉 역시 일생을 중국인 소유의 땅이나 부쳐먹으며 보낼 팔자는 되지 못했다. 1919년 3·1항쟁 당시 현지에서 독립만세 시위를 조직했던 그는 1920년을 넘어서자 총을 들고 싸우기 시작한다. '천마산대'라는 독립군 조직의 일원으로 압록강을 넘나들며 일본 경찰서와 금광 사무실을 기습하기도 했고 독립군들의 훈련을 맡아 정예 병력으로 조련함으로써 독립군 수뇌부의 신임을 받기도 했다. 그의 활약은 두드러졌다.

한번은 일본의 부영사가 봉천으로 이동한다는 소식을 듣고 매복을 하고 있었는데 대장이 주저하여 명령을 내리지 못하자 양세봉이 나서서 공격을 퍼부었다. 양세봉은 총알이 떨어지자 빈총을 들고 나서서 일본군을 위협해 무장해제시켰다. 일제가 가장 화들짝 놀란 순간은 1924년 사이토 총독 저격 미수사건일 것이다. 사이토 총독이 압록강 경비정을 타고 순시에 나설 것이라는 정보를 입수한 양세봉은 압록강변 절벽에 저격수를 배치한다. 경비정이 가까이 접근하지 않아 성공 가능성은 높지 않았지만 사이토 총독이 탄 배를 향해 총구들이 불을 뿜었고 유유자적하며 자신의 치지治地를 돌아보던 대일본제국 조선총독 사이토는 체면 차릴 겨를도 없이 전속력으로 달아나야 했다.

양세봉은 그로부터 10년 가까이 독립군의 지휘자로 활약했다. 1931년 만주사변 이후 일제의 침략이 만주 전역을 뒤덮던 시기에는 중국 무장세력과 연합한 조선혁명군 총사령관으로 일제와 싸웠다. 만주에서 활약하던 대다수의 독립군들이 좌우익으로 갈라져 좌익들은 중국 공산당 휘하로 들어가고 우익들은 상해 등 중국 본토로 넘어갔을 때 끝까지 만주에 남아서 일제와 싸운 것은 양세봉이 이끄는 조선혁명군 5백여 명이었다. 조선혁명군에서 소위로 활약한 계기화는 양세봉에 대해 "아무리 사고를 낸 부하라고 하더라도 부하에게 욕설하는 일이 일절 없었고 부하에게는 궐련을 사주면서 자신은 엽

초를 주머니에 넣고 다니며 피웠다"고 회고했다. 겸손하고 인간적이었던 양세봉은 1932년 3월에서 7월에 걸친 흥경현 영릉가 전투 등 수많은 전투를 치르며 일본군 1,000여 명을 죽였고, 수백 명을 국내에 잠입시켜 만주 지역 일본군의 최대 공적이 됐다. 독립투쟁 역사상 그만큼 한 지역에서 오랫동안 터를 잡고 버티며 일본군에 저항한 사람은 없었다.

좌우 대립에도 목표는 조선독립

그는 민족주의 계열의 독립운동가였고 만주에서 벌어진 좌우

남과 북 모두에서 기림받는, 그야말로 열 손가락도 넉넉한 사람들 가운데 하나. 부질없는 상상이지만 양세봉이 살았다면 어느 쪽을 택하고 무슨 길을 갔을까 곰곰 질문을 던져 본다. 공산주의를 혐오했으니 남일까? 원수 같은 친일파들이 꼴보기 싫어 북으로 갔을까. 남에 남았다면 이승만은 그를 가만 뒀을까? 북으로 갔다면 김일성은 그를 왕년의 양세봉 사령관 대접을 해 줬을까?

익 갈등의 중심에 서 있기도 했다. 일본에 맞선 상황이었지만 조선인들은 저마다 다른 파벌에 서서 극심하게 대립했고 서로 공격하고 죽이는 일도 심심치 않게 일어났다. 하나의 단적인 예를 들자면 1922년 8월 만주 환인현에서 각처로부터 모여든 독립운동가들이 모인 '남만한족 통일회의'를 거쳐 결성된 단일 투쟁조직 '통의부'의 와해를 들 수 있겠다. 통의부는 군대의 명칭을 의용군이라고 했는데 이 의용군은 1923년 한 해에만 무려 735회에 걸친 국내 진공작전을 펼쳤다. 그중의 하나를 예로 들어보자. "우리 무장대원 30여 명은 9월 21일 밤 9시경에 평북 희천군 북면 명문동에 도착해 먼저 전신, 전

남한의 국립묘지와 북한의 애국열사릉에 묻힌 양세봉. 그는 어느 쪽에서도 편안하지 않을 것이다.

화선을 끊고 적경 주재소와 면사무소를 습격하자 적경이 곧 응전했고 적경 1명이 즉사했다. …… 아군이 여러 곳을 방화하자 또 총격전이 벌어져 적 1명이 전사하고 3명이 중경상을 입었으나 아군은 무사했다. 그 후 아군이 다시 화경면을 습격한다는 설이 낭자해 부근 일대의 인심이 흉흉하고 우편송달이 못 되었다"(《독립신문》 1923. 10. 13).

독립군이라고 하면 수천 명 규모의 일본군과 정면 대결을 벌인 청산리 전투나 봉오동 전투만 애써 기억하지만 기실 독립운동사에서 그런 예는 드물다. 무장투쟁의 상당 부분은 수십 명 규모의 유격대가 파출소(주재소)와 면사무소, 그리고 우체국 등을 공격하는 방식이었는데 이런 걸 두고 뉴라이트들은 "독립군은 사라졌고 비적만 남았다"는 식으로 표현하기도 한다. 그러나 이는 압도적인 일본의 무력 앞에서 저항을 포기하지 않은 이들로서 할 수 있는 최대한의, 그리고 최선의 투쟁방식이었다. 압록강과 두만강 일대의 국경지대는 총성이 그치지 않았고 일본 경찰과 헌병들은 잠 못자 벌건 눈을 부릅뜨고 한만 국경을 지켜야 했던 것이다.

이 강성한 통의부가 와해된 것이 바로 내부의 다툼 때문이었다. 조국 해방이라는 뜻은 같이할 수 있었지만 그 조국에 대한 생각이 달랐기 때문이었다. 그 가운데 대한독립단이라는 단체는 더욱 특이했다. 이들은 경술국치 이후 황제가 이왕으로 격하된 지 13년이 흐르도록 여전히 '융희' 연호를 쓰고 있었다. 즉 아직까지 임금에 대한 충성을 절대가치로 고수하고 있던 복벽주의자들이었던 것이다. 군주제를 거부하는 상해 임시정부조차 한동안 거부할 정도였다. 이들 중 일부는 공화주의적 노선을 견지하던 통의부 지도부를 습격하여 선전부장 김창의를 죽이고 양기탁 등을 구타하는 사건을 일으키면서 통의부를 탈퇴한다. 의용군 3중대장 최지풍 휘하에서 소대장으로 싸웠던 양세봉은 독립운동 내부의 파벌 싸움의 현장을 낱낱이 지켜보았다. 이후 파벌 싸움은 좌우익 이념 대립으로 이어지면서 더욱 격렬해졌다.

이 과정에서 양세봉은 우익의 대표로 좌익과 맞섰고 좌익들에게 원수로 찍힐 정도였고 '극우'라는 평까지 듣는다. 조선혁명군 참모장을 지낸 김학규는 "좌익들은 조선혁명당 책임자 현익철, 총사령 양세봉, 그리고 참모장인 나를 3대 살인 반동 영수라고 불렀다"고 회고해 당시의 심각한 좌우 갈등 양상을 전한다. 양세봉이 의형제를 맺었던 김형직의 아들 김성주(후일의 김일성)를 만났던 것도 그즈음의 일일 것이다. 김일성 주석의 자서전 《세기와 더불어》에는 공동 반일투쟁을 제안하는 김일성에게 이런 말을 하는 양세봉이 등장한다.

그건 다 좌익에 섰다는 층이 정치를 잘못하는 탓이야. 대장도 좌익이라니 그런 물계는 잘 알겠지만 그들이 투쟁을 과격하게 내밀기 때문에 인심을 잃었단 말일세. 소작쟁의를 해서 농사군들을 폭군으로 만들구, 무슨 적색 5월이요 해 가지고서는 지주를 처단하구 이렇게 하니까 중국 사람들이 조선 사람들을 소 닭 보듯이 하거든. 이건 순전히 공산주의 자운동을 한다는 사람들의 실책이야.

이 말에 대해 김일성은 이런 해석을 내린다.

양세봉 자신도 독립운동에 관여하기 전까지는 지독한 영세 농민으로 고생을 많이 해 온 사람이었다. …… 무시레기에 피쌀을 섞어서 쑨 죽을 기아의 해들을 기적적으로 돌파해 온 빈농민의 후예였다. 초기 공산주의자들이 대중운동을 지도하는 데서 범한 좌경적 오류는 유감스럽게도 새 사조를 동경하던 많은 사람들의 넋 속에서 공산주의에 대한 애정을 추방하는 가슴 아픈 결과를 빚어 냈다. 나는 양세봉 사령과의 담화를 통해서도 만주 지방에서 공산주의 기성세대가 범한 과오의 후과가 얼마나 막대한가 하는 것을 다시한 번 새삼스럽게 절감하지 않을 수 없었다.

만주 벌판을 누비던 조선 호랑이, 좌익에 동조하지 않은 소작민 출신의 장군, 만주 군벌이었던 장작림의 수하로부터 "관우와 같은 능력자"라는 찬탄을 받았던 양세봉의 일생은 1934년 일제에 매수된 밀정에 의해 끝난다. 평소 안면이 있었던 중국 산림대의 우두머리 아동양亞東洋이 제휴를 제안해 온 것이다. 양세봉은 이 제안을 받아들이고 협의하기 위해 1934년 9월 8일 그들의 근거지로 가던 중 일본군의 기습을 받는다. 밀정 또한 총을 빼들고 "죽기 싫으면 일본군에 투항하라"고 다그쳤으나 양세봉은 눈을 부릅뜨고 호통을 치며 저항했고 결국 죽임을 당한다. 동지들이 그의 시신을 수습해 봉분 없는 평토장으로 일단 모셨지만 집요한 일본군은 이 무덤을 파헤치고 목을 잘라 통화 시내에 효수하는 만행을 저질렀다. 그는 남과 북 국립묘지에 모두 이름을 올린 거의 유일한 사람이다. 중국인들조차도 양세봉 장군의 항일투쟁을 높이 평가해 1990년에는 《압록강변의 항일명장 양세봉》(요녕인민출판사)이라는 전기가 중국에서 발간되기도 했다.

그는 장군이고 명장이기에 앞서서 참으로 대담한 괴짜이기도 했다. 석주 이상룡의 손부 허은 여사의 기록인 《아직도 내 귀엔 서간도 바람소리가》에는 양세봉 장군이 아들을 얻게 된 이야기가 수록돼 있다. 거의 집안을 돌보지 않고 밖으로만 나다니던 양세봉이 별안간 집에 들이닥쳐 아내에게 방으로 들어오라고 성화를 부렸다. 도무지 없던 일이라 가슴이 두근 반 세근반 하는 아내에게 양세봉은 혁명가의 아내가 그리 겁이 많아 무엇에 쓰겠냐면서 다독이며 아내와 간만의 운우의 정을 나눴다. 그리고는 또 휑하니 나가 버렸는데 그예 아내는 아이를 가져 아들을 낳았다. 양세봉의 동생이 그 소식을 전하기 위해 물어물어 돌아돌아 겨우 양세봉을 만났는데 그의 대답은 이것이었다.

"그래 뭐 낳았나? 그깟 일로 왜 먼길을 왔나? 빨리 돌아가라."

이 일화에서 나는 양세봉의 대범함보다는 외로움을 읽는다. 일본뿐 아니라 우리 편 누구에게서 총부리가 겨눠질지 모르는 절박한 투쟁 과정에서 그는 얼마나 긴장 그득한 삶을 살았을 것인가. 가족의 편안한 품에서 스트레스를 풀 시간도 없었고 술 한잔하며 모든 것을 잊을 여유는 더더욱 없었으리라. 참고 또 참고 누르고 또 누르다가 스스로도 어쩌지 못했던 그 순간에 '혁명가'는 한 평범한 남자로 돌아와 아내를 찾았던 것이 아닐까. 다시 혁명가로 돌아와서는 또 그 일탈이 부끄러워지고 무안하여 일껏 찾아온 동생을 타박했던 것이 아닐까. 그들도 사람이었는데. 그들도 인간이었는데 …… 보통 남자였는데 …….

양세봉

"친애하는 동지들, 이번 전투는 동포 동지들의 생사를 담판하는 결전입니다. 나를 따라 생명을 각오하는 동지들은 손을 들어주십시오.(중략) 조국광복군과 동만 백만 동포들의 생명을 두 어깨에 짊어진 우리는 일당백의 용감한 정신과 아울러 이번 전투에 승리의 믿음을 선포합니다."

-흥경현 전투를 앞두고 양세봉의 훈시 중에서

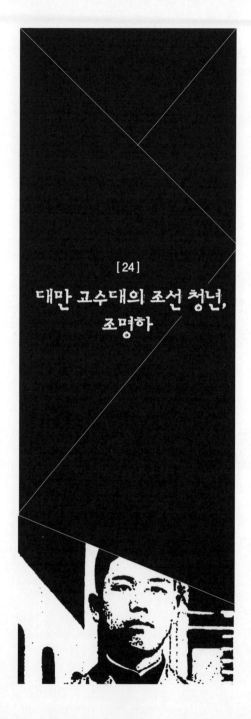

[24]

대만 고수대의 조선 청년,
조명하

"저세상 가서도 독립운동 하리라"

많은 이들이 궁금해하는, 간단하지만 간단하지만은 않은 역사적 상식에 대한 질문들이 있다. 이를테면 "왜 누구는 의사義士고 왜 누구는 열사烈士냐?"와 같은 것이다. 사실 의사가 무엇이고 열사는 또 누구냐에 대한 명확한 기준은 없다. 국가유공자나 보훈가족에 대한 보상과 지원을 담당하는 국가보훈처도 이 두 단어를 별도로 분류해 쓰지 않는다. 쓰는 사람에 따라, 또 주장에 따라 의사와 열사는 왔다갔다 한다. 대중적인 분류를 가져오자면 의사는 '성공한 의거의 주인공'이고 열사는 '열렬히 시도했으나 아쉬움을 남기고 실패한 분들'쯤 될 것이다. 그래서 안중근, 윤봉길 두 분 뒤에는 의사가 붙고, 이봉창 선생 뒤에는 열사가 붙는 것이다. 물론 이에 대한 반론도 있으니 정설이랄 것은 없겠다.

1928년 10월 10일 나이 스물넷의 식민지 조선 청년이 대만의 어느 교도소 사형대 위에 선다. 이름은 조명하. 사진만 보아도 그 총기가 세월을 넘어 전달되고, 그 외모 또한 수려하다 할 만큼 반듯한 젊은이였다. 이미 장가를 가서 고향에는 처자도 있었다. 마지막 말을 묻는 간수에게 그는 일갈한다.

"나는 대한의 원수를 갚았노라. 아무 할 말은 없다. 오늘 이 순간을 나는 이미 오래전부터 각오하고 있었다. 단지 조국의 광복을 보지 못한 채 죽는 것이 한스러울 뿐이다. 저세상에 가서도 독립운동을 계속하리라."

원수를 갚았다는 말에서 보듯 그는 어느 정도 뜻하는 바를 이루었고 위의 정의 대로라면 '조명하 의사'가 되겠다.

황해도 송화에서 태어난 조명하(1905~1928)의 초년 인생은 여느 조선인들처럼 순탄치 않았다. 가난하여 보통학교를 중퇴한 그는 군청의 서기로 취직해서야 약간의 안정을 찾는다. 그는 일찍 장가를 들어 한 아이의 아버지였다. 눈치와 아양 떨기로 일본 관헌을 만족시키며 살았더라면 조선 농민들에게 쥐꼬리일망정 절대 권력을 휘둘렀던 '면서기'로서 일생을 보낼 수 있었을 것이다. 또는 군청의 간부로서 한평생 잘 살았을지도 모르고 그 아들 역시 호의호식하고 일본에 유학을 다녀와서 후일 대한민국의 '인재'로 잘 살았을지도 모른다. 하지만 조명하의 눈에는 그 미래가 보이지 않았다.

소속도 도움도 없이

순종의 장례식 때 조문하러 오는 사이토 총독을 노려, 그 일행으로 예상되는 차에 뛰어들어 칼을 휘둘러 차에 탔던 모두를 단숨에 죽였던 송학선의 거사와 나석주, 김상옥 등 연이어 경향 각지를 들썩였던 의열단의 의거들을 바라보면서 조명하 역시 그 길로 나설 것을 결심한다. 1980년대와 90년대 대학가와 노동 현장에서 불린 노래 가운데 '누가 나에게 이 길을 가라 하지 않았네'라는 노래가 있다. 많은 이들이 이 노래를 목 메어 불렀지만 사실 이 노래는 '거짓말'이다. 사실 그 주변에 그 길을 가는 것이 옳다고 깨우치고 독촉하고 행동을 통해 보여 준 사람들이 어디 한 둘이었던가. 이 노래는 정말로 조명하에게 어울리는 노래다. 그가 고향을 떠나기 전에도, 그 후에도 그는 어떤 조직에 속한 적이 없었고, 모든 것을 스스로 알아서 했던 희귀한 '의사'였다.

그는 아내가 아들을 낳은 후 친정에서 몸조리하던 때에 돌아오지 않을 걸음을 떠났다. 마음이 흐트러질까봐 그랬는지 부인과 아들도 만나지 않았다.

"큰 볼일이 있어 떠나야겠습니다."

아들이라도 봐야 하지 않겠느냐는 어머니의 만류도 뿌리친 채 그는 일본으로 떠났다. '지피지기면 백전백승'이라고 일본을 알아야겠다는 의도였다. 그의 조카는 삼촌의 마지막 말을 선명히 기억하고 있었다.

"공부 열심히 해라. 그래야 일본놈들에게 속지 않는다."

일본에서 온갖 고생을 하면서, 또 식민지 출신으로서의 서러움을 온몸으로 겪으면서 그의 의지는 돌처럼 굳어 갔다. 하지만 일본에서 무슨 일을 단독으로 하는 것은 보통 어려운 일이 아니었다. 그는 임시정부가 있는 상해로 가려고 했지만 그

여정이 만만치 않자 일단 대만으로 들어갔다가 상해로 향하는 방책을 세운다. 대만에 도착하여 점원으로 일하던 그는 중국인에게서 칼 쓰는 법을 배웠다. 그가 상해로 건너가기 전, 뜻밖의 목표물이 대만으로 온다는 사실에 흥분한다. 히로히토 일본 천황의 장인이자 육군대장 구니노미야 구니히코久邇宮邦彦王가 대만 주둔 일본군 특명 검열단장으로 온다는 소식을 들은 것이다.

일본 육군대장, 조명하 칼날에 저승길

1928년 5월 14일 황족이며 국구國舅였던 구니노미야가 탄 차

천황과 귀족이 엄연히 존재했고 지금도 그러한 일본임을 염두에 둘 때 조명하는 가장 '고귀한' 신분의 일본인을 척살했다고 봐야겠다. 히로히토의 장인이자 지금 헤이세이 천황의 외조부인 육군대장을 끝내 쓰러뜨렸으니 이른바 '의열투쟁' 가운데에서도 보기 드문 성공 사례라 하겠다.

량이 다이쇼초大正町 도서관을 지나는 순간 조명하는 날쌔게 무개차 뒤로 올라탔다. 그리고 독을 바른 칼을 던졌는데 구니노미야의 목덜미를 스쳐 상처를 내고는 운전사의 어깨에 꽂혀 버렸다. 실패인가 싶었지만 구니노미야는 결국 이 상처가 원인이 되어 패혈증으로 죽는다. 조명하의 회심을 담은 칼날이 마침내 일본 육군대장이자 천황의 장인을 쓰러뜨린 것이다. 의열단도 아니고 한인애국단도 아니고, 꽤 흔했던 독립운동 단체와의 연관도 없이 조명하는 혼자만의 결심으로, 혼자만의 의지로 그 일을 해 냈다. 일제 당국도 이 사실이 도저히 믿기지 않았던 모양이다. 대만총독부에서는 국내에 연루자가 있으리라 확신하고 보안과장을 황해도 송화까지 출장 보내

조명하의 동상은 과천 서울대공원에 서 있다. 이곳을 드나든 사람들이야 무수히 많았겠지만 그 가운데 조명하의 이름 석 자를 기억하는 사람들은 얼마나 됐을까. 이 동상을 건립하기 위해 조명하의 유복자는 생업까지 제쳐두고 뛰어다녀야 했다고 한다. 조명하의 고향 황해도 송화에도 해방 뒤 추모비가 섰다고 하는데 지금은 제대로 남아 있을지 궁금하다.

조사했으나 결국 "조선 안에는 전연 공범자가 없는 것이 판명되었던"(《동아일보》 1928. 6. 15) 것이다.

일제강점기 36년은 그냥 흘러간 것이 아니다. 교과서에서 배운 몇몇 사건들이 전부가 아니다. 수많은 이들이 목숨을 걸고 압제에 맞섰고 그들 중에 우리가 아는 이름들보다는 모르는 이름이 백 배 천 배는 많다. 그들은 꽃도 십자가도 없는 무덤에 묻혔고 빛도 이름도 없이 만주 벌판 어딘가에서 또는 조명하처럼 대만에서, 조선의 산자락에서, 일본의 형무소에서, 현해탄 바다 속에서 사그라졌다. 그중 한 명인 조명하가 1928년 10월 10일 사형을 당했다. 그의 나이 스물네 살, 그야말로 봄꽃보다도 더 싱그러운 나이였다.

2015년 11월 현재 조명하 의사가 보지도 않고 떠났던 아들 조혁래 옹은 아흔의 고령으로 아직 생존해 있다. 그는 2009년 대만의 타이페이 한국학교에서 거행된 조명하 의사 동상 재건식에 참여했다. 그 자리에서 조혁래 옹은 이렇게 말한다.

"안중근 의사나 몇몇 분들만 알려져 있고 숨어 있는 사람들은 모르는데, 그런 분들을 역사적으로 발굴했으면 좋겠습니다."

평생을 간직한 서운함이 먹물처럼 번져 간다. 그래서일까, 조명하 의사의 아들 조혁래 옹은 대한민국임시정부의 외무부장을 지낸 조소앙 선생의 《유방집遺芳集》(후세에 길이 남긴 빛나는 영예)을 평생 간직해 오다가 2010년 독립기념관에 기증했다. 민영환, 최익현, 안중근, 강우규, 윤봉길 등 1905년부터 1932년까지 독립운동가로 활동한 항일의열사 81인의 공적을 기리기 위해 저술한 책으로 국내에는 단 한 권밖에 없는 것이었다. 이 《유방집》에 남은 조명하의 얼굴이 우리에게 알려진 유일한 모습이다. 다시금 그 얼굴을 본다. 그러면 문득 흘러나오는 질문.

"도대체 당신은 왜 그 길을 갔던 겁니까. 아무도 가라 한 적도 없는데."

그러면 조명하는 총기 넘치는 눈매를 번득이며 이렇게 대답할 것 같다.

"누군가는 가야 할 길 아니었나. 그래서 내가 갔지."

25

기구한 사람, 알 수 없는 사람, 슬픈 사람— 김지섭, 황옥, 김시현

천황에게 날아간 김지섭의 폭탄

일본 천황이 사는 도쿄 궁성 앞에는 '안경다리'라고 불리는 니주바시 다리二重橋가 있다. 메이지 시대 이후 살아 있는 신으로서 일본 국민들의 범접할 수 없는 존경의 대상이던 천황이 사는 궁궐로 들어가는 다리. 그 다리에서 궁성을 향해 폭탄이 날아가는 사태가 벌어졌다. 1924년 1월 5일이었다. 조선인 김지섭. 경상도 안동 출신의 의열단원이었다.

영특하고 배움이 빨라 합방 전 보통학교 교사와 재판소 서기였고 일본어를 2개월 만에 독파해 통역이 되었던 그는 그 이력으로 한세상 잘 먹고 살 수 있었음에도 합병 이후 모든 것을 걷어치우고 고향으로 돌아와 독립운동을 모색하다가 3·1운동 이후 만주로 망명한다. 그는 이전에도 교류가 있던 김원봉이 결성한 의열단에 가입하여 일본제국주의에 타격을 가할 방안을 모색하게 된다. 그 가운데 특기할 만한 것은 1923년 3월의 폭탄반입사건이었다. 모두 36개의 폭탄을 중국으로부터 들여와서 총독부와 동양척식회사, 총독부 기관지인 《매일신보》 등을 동시에 폭파하고자 한 사건이었다. 총독부와 일본 경찰을 기절초풍하게 만들었던 이 거사는 사전탐지되어 김지섭과 의열단장 김원봉 등은 가까스로 탈출하지만 황옥과 김시현 등은 체포된다.

이후 1923년 9월 1일 간토대지진이 발생하고 조선인들이 이를 틈타 폭동을 일으킨다는 유언비어가 돌면서 이성을 잃은 일본인들은 닥치는 대로 조선인 학살을 감행한다. 무려 6,000여 명의 조선인이 이국땅의 원귀가 되고 말았다. 중국에서 이 소식을 들은 독립운동가들 또한 격분한다.

"이 쪽발이 새끼들을 쳐죽이고 말겠다."

김지섭도 마찬가지였다. 마침 제국의회가 열려 일본 총리이하 고관 대작들이 한 자리에 모인다는 소식이 들렸고 김지섭은 김원봉에게 달려간다.

"기회요. 나보다 일본말 잘하는 사람이 없고 기분은 좀 나쁘지만 생김새도 일본놈 비슷하니 내가 적임자요. 내가 가서 놈들을 때려잡겠소."

"다시는 고향으로 가는 길 묻지 않으리"

마침내 상해에서 밀항선을 타고 일본으로 향하는 김지섭. 그는 폭탄 세 개를 품고 있었다. 그를 도운 것은 일본인 공산주의자들이었다. 김지섭은 일본인들의 도움을 못 미더워했지만 어쩔 수 없었고 그들은 신의를 지켰다. 남해 바다를 가로지르면서 양반의 본고장 안동에서 자란 사람답게 김지섭은 유려한 한시를 지어 읊는다. 그는 한학에 능통했다.

표연히 이 한 몸 만 리 길 떠나갈 때

배 안엔 모두 원수이니 벗할 이 뉘 있는가.

기구한 세상 촉으로 가는 길보다 험하고

분분한 물정 태나라보다 무섭구나.

오늘날 몸 숨기고 바다 건너는 사람은

그 몇 해를 참으면서 와신상담을 하였던가.

이미 걸은 이 걸음은 평생의 뜻이기에

다시는 고국을 향해 돌아갈 길 묻지 않으리.

그러나 석탄 화물선 바닥에 숨어 바다를 건넌 것이 화근이었다. 그의 폭탄은 습기를 머금었고 본디 성능을 잃어버린 것이다. 김지섭은 항해 와중에 제국의회가 휴회한다는 소식을 듣고 차제에 일본 천황의 궁성에 폭탄을 던지리라 마음먹는다. 1924년 1월 5일 니주바시 다리에서 궁성을 향해 폭탄 세 발을 던지지만 모두 아쉬운 불발에 그치고 체포되고 만다.

재판정에서 그는 재판정을 압도하는 일장연설을 토한다.

이 사건의 예심정에서 판사는 나에 대하여 너희들이 지금 독립이니 무엇이니 떠들고 있으나 만일 지금 독립을 시켜준다고 하면 과연 너희가 독립하여 살아갈 방도가 있느냐고 했으니 이건 일개 판사의 몸으로 우리 2천만 민중을 모욕한 것이 아니고 무엇이랴. …… 우리 조선의 독립선언은 일본에 대한 선전포고다. …… 조선 민중은 굶어죽고 맞아 죽고 하는 가운데 나 홀로 적국에 들어와 사형선고를 받는 것은 광영이다. 사형 아니면 무죄를 내리라!

그를 변호한 것은 인권변호사로 유명한 후세 다쓰시였다. 그는 조선 독립운동의 대의와 인명살상 없음 등을 이유로 무죄를 주장했지만 한 대목에서만큼은 김지섭의 타박을 받는다. 후세 변호사는 당국이 경찰을 스파이로 활용, 독립운동 단체에 몰래 잠입시키는 이른바 프락치 공작의 부당성을 지적했는데 김지섭은 이를 강하게 부인한다.

"황옥을 밀정이라 함은 웃기는 일이다."

의형제의 기구한 말로

여기서 황옥은 일본 경찰의 경부라는 꽤 높은 지위에 있던 이의 이름이다. 일본 경찰은 실제로 조선인 경찰을 의열단에 위장가입시켜 조직을 일망타진하려는 계획을 세웠고, 그 과정에서 엄선된 이가 황옥이었다. 황옥은 이른바 '고등계 형사'였다. 그런 일을 한 자체로 친일파 혐의를 벗어나기는 무망하지만 그의 행적은 미스터리하기까지 하다. 고등계 형사로 복무하면서 그는 적잖이 독립운동가들을 지원했고, 앞서 언급한 의열단의 폭탄반입사건 때에는 직접 폭탄 반입에 나서는 임무를 맡았던 것이다.

고등계 형사로서 밀정 노릇을 했다고 현재까지도 의심받고 있으며, 의열단에 가입한 뒤에도 이중간첩으로 의심받았던 황옥과 굳게 맺어졌던 이는 안동 출신의 독립운동가 김시현이었다. 둘은 의형제를 맺고 의기투합했다고 한다. 황옥은 대담하게 폭탄에 총독부 공용 물건 딱지를 붙여 국경을 통과시켰지만 또 다른 밀정에 의해 정체가 폭로되고 김시현과 함께 체포되는데 막판에 김지섭을 국외로 탈출시키는 데 성공했

〈좋은놈 나쁜놈 이상한 놈〉이라는 영화가 있었다. 1930년대 만주를 배경으로 하지만 민족주의적 코드보다는 오히려 서부 영화같이 만든 액션무비에 가까운 킬링타임용 영화였다. 그런데 이 세 명의 면면을 보면 참 기구한 사람, 최후까지 슬펐던 사람, 그리고 도무지 알 수 없게 돼 버린 사람이라는 탄식이 입 안에서 흐른다. 동지인지 적인지도 분간이 가지 않고 해방된 뒤에도 한때의 원수들이 버젓이 설치던 난폭한 세상에서 그들은 살았고 죽었다.

다. 그러니 김지섭으로서는 후세 변호사가 황옥을 밀정이라 부르는 것을 용납할 수 없었던 것이다.

이후 세 사람의 인생은 그야말로 한국 현대사의 바람에 휘둘리는 갈대와 같았다. 김지섭은 무기징역 선고를 받지만 감옥에서 석연치 않게 옥사한다. 그는 옥중에서 이런 시를 남겼다.

한국의 선비들은 푸른 하늘만 처다보며
만사 무심하게 세월만 보내네.
15년 전 오늘의 원한을 생각하면
살아 나라에 보답 못하면 죽어서도 잊지 못하리.

그들이 그렇게도 원하던 해방이 왔을 때 황옥은 반민특위에 나가 그의 상관이었던 악질 친일 경찰 김태석(강우규 의사를 체포, 고문했던 황옥 자신의 상관)의 죄상을 고발한다. 이때 황옥이 밀반입한 폭탄의 소재를 고발했던 친일 경찰 권상호도 함께 고발된다. 그러나 전쟁이 터진 뒤 서울에 남아 있던 황옥은 납북되고 "외국군 철수"를 부르짖는 평양방송을 끝으로 역사 속으로 사라진다.

김지섭과 안동 동향이었던 김시현의 경우는 더 기구하다. 북로군정서 재무부장으로서 김좌진 등과 함께 활동했던 그는 의열단에 가입하여 각종 의열투쟁의 준비와 자금조달 등 이른바 '배후 조종 인물'로 활동한다. 김익상, 나석주, 김지섭

등 쟁쟁한 인물들의 투쟁이 그의 기획으로 이뤄졌으며 동양 최초의 시한폭탄을 만들어 사용하기도 했으니 일제가 눈에 불을 켜고 찾으려던 사람 중의 하나였을 것이다. 역시 독립운동가였던 부인과 정상적으로 가정을 꾸리고 살았던 것은 해방이 되고나서였다고 하니 그 인생의 험난함을 짐작할 수 있다. 김시현은 심문을 받던 중 비밀을 누설하게 될까 두려워 그 혀를 깨물다가 혀의 일부가 끊겨 나가 평생 혀 짧은 소리를 내야 했을 만큼 '독한' 사람이었다. 원래 아호는 '학우'였는데 취조하던 검사가 '도대체 뭘 구하자는 것인가. '하구何求'라고 하라'고 타박하자 그예 호를 하구로 바꿔 버리기도 했다.

하구 김시현은 해방 이후 김구가 안두희에게 죽는 것을 보고는 "이건 이승만 짓이다. 독립운동을 같이 한 처지에 정적이라고 죽여 버리다니. 용서할 수 없다"고 선언하고 1952년 의열단 동지 유시태와 함께 이승만 암살을 시도한다. 그들의 대화 중 일부다.

맹자도 살인한 자는 왕이 될 수 없다고 했듯이 사람의 생명을 빼앗는 것이 좋은 일은 아니야. 그러나 그대로 두면 수많은 백성과 애국자가 죽게 되니 그대로 결행하세. …… 한 번도 진실한 애국자가 되어 본 일이 없는 그이니 이번에 자기의 생명을 내어 놓음으로써 비로소 한번 애국자 노릇을 하라고 하지(《한겨레신문》 1989. 12. 1).

이승만의 바로 뒤에서 권총을 꺼내 쏘았지만 이승만의 명은 그렇게 짧지 않았다. 김지섭의 폭탄처럼 그 총도 불발이었고, 김시현은 18년 7개월의 일제강점기 옥살이에 더하여 해방된 조국에서 10년의 옥살이를 더하게 된다. 그리고 이승만 암살 기도로 인해 그는 평생을 바친 독립운동가로도 인정받지 못한 채 쓸쓸히 죽어 갔다. 하구何求 김시현. 그가 평생을 바쳐 구하고자 한 것은 무엇이었을까. 목숨 바쳐 해방시키고자 했던 조국은 그를 외면했으나 그의 순애보(?)는 끝이 없었다. 1966년 임종하는 자리에서 그는 아내에게 이런 부탁을 하고 있는 것이다.

"미안하오. 내가 그래도 조국 독립을 위해 몸 바쳐 투쟁했는데도 반쪽 독립밖에 이룩하지 못했소. 남은 여생을 조국 통일 사업에 이바지해 주오."

역사는 우직한 이들을 즐겨 깔아뭉개지만 그들의 손과 발이 없이는 일촌도 나아가지 못하는 바윗돌과 같다.

황옥, 김지섭, 김시현

"나의 섭생(건강 관리)은 독립운동뿐이다."

1923년 폭탄 반입 혐의로 체포되고 6년 만에 석방됐을 때 이제 몸을 좀 아끼라는 아내의 권유에 김시현은 위와 같이 말하고 만주로 떠났다.

26

총을 든 국문학자,
김두봉

상해로 간 국어학자

가끔 부산에 가면 해운대 달맞이 고개 넘어 기장읍을 찾는다. 그곳 기장 시장에는 게를 싸게 파는 식당들이 밀집해 있어 서울에서는 상상하기 어려운 가격으로 게를 맛볼 수 있기 때문이다. 미역으로도 유명한 기장은 한국 근대사와 국어연구사와 독립운동사와 북한의 현대사에서 빼놓을 수 없는 한 인물의 고향이기도 하다. 그 이름은 김두봉(1889~1960)이다.

만약 좋은 세월을 만났다면 김두봉은 평생을 도서관과 집을 왕복하면서 살아가는 '천상 학자'였을지도 모른다. 일본인이 세운 보통학교에 가지 않고 부친에게 한학을 배운 그는 홀로 상경하여 고등보통학교까지 학업을 마친다. 젊은 날의 그에게 가장 큰 영향을 준 사람은 한힌샘 주시경이었다. 그는 항상 책 한 보따리를 들고 다녀 '주보따리'라는 별명으로 불렸는데 조선어사전《말모이》편찬에 열정을 쏟았고 그 열정은 젊은 날의 김두봉을 감동시키기에 충분했다. 그러나 주시경은 아쉽게도 그 뜻을 펼치지 못하고 1914년 병사했다. 김두봉은 스승의 뜻을 이어 1916년 세로쓰기로 된 문법책인《조선말본》을 내놓을 수 있었다. 그러나 1919년 3·1운동이 일어나고 자신의 제자들과 함께 만세 시위에 적극 가담했던 그는 국내에 머물지 못하고 상해로 망명한다.

상해에서 독립운동에 전념하면서도 김두봉은 국어 연구를 멈추지 않았다. 1922년 《깁더 조선말본》을 내놓은 것이다. '깁더'란 깁고 더하여 만들어 낸다는 뜻으로 지금 흔히 쓰는 '수정증보판'이다. 깁더 조선말본. 얼마나 정답고 머리에 쏙 들어오는 말인가. 훗날 조선어학회사건으로 투옥되었다가 모진 고문을 당한 끝에 옥사한 이윤재가 조선어사전편찬회를 조직하기 위해 불원천리 김두봉을 찾은 일도 있었던 만큼 김두봉은 독립운동가라기보다는 국어학자로 더 알려진 인물이었다. 하지만 만주사변과 중일전쟁으로 이어지는

김구의 부인 최준례의 묘비. 김두봉의 작품이다. ㄹㄴㄴㄴ 은 한글 자음 순서로 숫자를 표기한 것으로 단기 4222이라는 뜻이고 ㄷ 달은 3월이라는 식이다. 대한민국 ㅂ 해라면 대한민국 6년, 즉 서기 1924년이다. ㄱ 달 ㄱ 일이면 1월 1일. 정갈한 한글 글씨에서 국어학자 김두봉의 일면이 선명하게 드러난다.

일제의 노골적인 팽창정책과 그에 맞선 항쟁의 와중에 그는 학자로서의 면모를 일신하는 모습을 보이게 된다.

해방 후 《조선인민보》라는 신문에 역사학자 이청원이 약술한 김두봉의 일대기는 그 간략한 와중에도 그 천신만고의 고행길이 그대로 드러나 있다.

김두봉 씨는 원래 유명한 한글학자로 일찍이 3·1운동 당시에 해외로 망명하여 30년 가까이 해외의 유랑생활 속에서 백절불굴의 굳은 의지로 민족해방 전선에서 시종일관하게 꾸준히 끊임없이 힘 있게 싸운 분이다. 한때는 김원

그는 태극기의 폐지를 주장했다. 미군정청이 사용을 권장하고 있어 새로운 민주주의 국가에는 맞지 않는다는 이유도 대고 있지만 개인적으로는 "태극기의 근거인 주역은 비과학적이며 표준성이 없다"는 이유 쪽에 눈길이 간다. 혹독한 항일투쟁 와중에도 《깁더 조선말본》을 써낸 사람으로서 당연한 항변 아니었겠는가 생각하며.

봉 씨들과 더불어 민족혁명당에서 같이 일하며 민족연합
전선의 형성에 대분투하시고 그 후 중일전쟁 기간 중 장개
석의 국민정부가 인민의 항일대중운동을 두려워 탄압하기
시작하자 해방구인 팔로군 지역으로 들어가기 위하여 사
랑하는 따님 해엽 양을 데리고 도보로 갖은 고초를 다 겪
으며 한때는 벙어리 노릇을 하면서 국민당군 지역을 돌파
하여 연안에 들어가 군정학교 교장으로 있으면서 동지 최
창익·한빈·무정씨 등과 더불어 독립동맹에서 활동하였던
것이다. 그러나 그는 연안에서 안한하게 교육사업에만 종
사한 것이 아니고 제일선에 나와서 일제의 왜병들과 싸웠
던 것이다. ……

국어학자에서 '태항산 호랑이'로

두봉은 군사조직인 조선의용대와 독립동맹의 최고책임자로
'태항산 호랑이'로서 그 용맹을 떨쳤다. 그 휘하의 조선의용
대가 일본군 대군을 상대하여 악전고투 끝에 포위망을 뚫었
던 호가장 전투에서 그의 벗이자 의열단의 최초 조직자인 윤
세주가 죽었고, 《최후의 분대장》의 작가 김학철은 다리를 잃
었다. 김두봉은 김구도 이승만도 경험해 보지 못한 일선의 참
화를 경험한 독립운동 지도자였다. 해방 당시 조선의용대 병
력은 수만 명을 헤아렸는데 김두봉은 그 가운데 4개 대대를

이끌고 9월 3일 중국 연안延安을 출발하여 해방된 조국을 향해 벅찬 발걸음을 옮긴다. 압록강에 도착했을 때가 12월이었으니 무려 석 달 동안 4,700리를 걸어 돌아온 조국이었다. 하지만 조선의용대는 소련군에 의해 무장해제를 요구받는 어이없는 상황에 직면한다. 김두봉은 분노했지만 어쩔 수 없었다.

그는 공산주의자가 아니었다는 것이 중평이지만 북한 정권에 참여했다. 그것이 이남에서 단독정부 세력의 득세에 절망한 김구에게 김두봉은 간절한 호소의 대상이 된다.

북쪽에서 인형仁兄(김두봉)과 김일성 장군이 선두에 서고 남쪽에서 우리 양인(김구식)이 선두에 서서 이것을 주창하면 절대 다수의 민중이 이것을 옹호할 것이니 어찌 불성공할 이가 있겠나이까. …… 인형께서 수십 년 한 곳에서 공동 분투한 구의舊義와 4년 전에 해결하지 못하고 둔 현안 해결의 연대 책임과 애국자가 애국자에게 호소하는 성의와 열정으로써 조국의 땅 위에서 남북 지도자 회담을 최속한 시간 내에 성취시키기를 간청합니다. 남쪽에서는 우리 양인이 애국자들과 함께 이것의 성취를 위하여 최선을 다하겠나이다.

그러나 김구는 평양을 다녀온 뒤 암살당했고 그 1년 뒤 북한은 '국토완정'을 내세운 전쟁을 시작한다. 김두봉은 이 전쟁에 반대했다고 하지만, 그는 이미 '태항산 호랑이'가 아니었다.

남북 정권 '블랙홀' 인걸을 삼키다

전쟁 후 1958년 3월 3일. 제1차 조선로동당 대표자대회에서 그는 이른바 '8월종파사건'(1956년 8월 30일의 조선노동당 중앙위 8월 전원회의에서 소련파 박창옥 등과 함께 김일성의 일인독재화를 지적하며 김일성을 정면으로 비판한 사건) 관련자로서 숙청당한다. 그의 동료였던 무정, 한빈 등과 함께였다. '연안파'의 몰락이었다. 그는 해방된 조국에서 수십 년 만에 본격적으로 본업인 국어 연구에 나서 조선어 맞춤법을 완성하기도 했다. 고령을 이유로 사형은 면했지만 오지의 협동농장으로 추방되어 그곳에서 언제 죽었는지도 모르게 죽었다. "내 조카는 죽었지만 약산 김원봉은 영원한 내 조카사위"라고 자랑했던 후배이자 동지 김원봉처럼. 그리고 1957년 감옥에서 참혹하게 죽어간 평생의 동지 최창익처럼.

북한의 김일성 정권이나 남한의 이승만 정권이나 일종의 블랙홀과 같았다. 참 많은 인걸들이 그 자장에 저항하다가 산산이 부서지거나 사라져 갔다. 1958년 3월 3일 "종파분자를 처단하라" 부르짖는 날선 비판 앞에서 원로 국어학자 김두봉은 자신이 연구했던 언어의 살기에 몸서리치며 고개를 떨구었을 것이다.

김두봉

"동무들! 오늘은 기쁨의 날임에 틀림없습니다. 36년 동안 우리 동포들의 피와 땀을 아서 먹든 왜적이 넘어졌다고 합니다. 이들로 말미암아 조선의 아들딸은 피눈물을 머금고 이역에서 헤매이게까지 되었든 것입니다.

동무들! 오늘 같은 기쁜 소식을 들음에도 불구하고 우리들은 온몸 온정신으로 이것을 마지하지 못하는 마음이 한편에 있습니다. 이 마음은 아마도 우리들을 그렇게 착취하고 압박하고 우리 동지들을 학살한 우리들의 원수를 우리 손으로 무찌르지 못하고 외국의 힘을 빌려 타도되었다는 것, 우리들이 가진 힘을 다하여 배려온 총과 칼로써 최후의 일전을 할 기회를 놓치게 되었다는 것, 이것이 아마도 우리들이 가지는 바 섭섭함일 겝니다.

그러나 동무들! 싸움이 이제부터입니다. 그 싸움이 비록 총과 칼로써 하는 그런 것이 아니라 할지라도 조선의 참된 행복을 위한 지리하고도 힘찬 싸움이 시작됩니다. 밖으로는 새로운 제국주의 침략에 대한 싸움, 안으로는 인민의 이익을 위한 싸움. 왜적이 넘어졌다는 소식을 듣고 느낀 감회와 앞으로 싸워야 할 내 자신의 각오와 말을 여러 동지들께 몇 마디 여쭈는 바입니다."

－해방을 맞은 조선의용군 최고사령관 김두봉의 연설

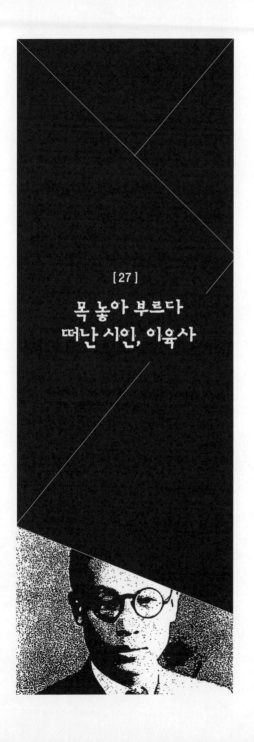

[27]

목 놓아 부르다
떠난 시인, 이육사

시인 이원록과 동생 이원조

영화 속에서 시인은 대개 창백한 낯빛에 뿔테 안경을 쓰고 섬세한 성품에 쉽게 상처 받으며, 비쩍 곯아서 맨날 쥐 터지지만 깡다구는 있어서 목소리는 카랑카랑한, 그러다가 더 두들겨 맞는, 그런 캐릭터로 그려질 때가 많다. 물론 시인도 사람 따라 개차반부터 성인군자까지 천차만별이겠지만 보통의 이미지가 그렇다는 말이다. 그런데 그 이미지를 벗어나는 시인 하나가 있었다. 시인이면서 명사수였고 글쟁이이면서도 폭탄을 다루고 침투 훈련까지 받은 사람. 바로 이육사(1904~1944)다. 본명은 이원록.

그는 진성 이씨다. 한국 유학의 태두이자 일본에까지 명성을 떨친 퇴계 이황의 후손이다. 그의 형제는 다섯이었는데 육사 외에도 넷째 이원조 역시 문학적으로 뛰어나 이름을 남겼다. 명랑하고 재기발랄했던 이원조는 소설 《태백산맥》에도 '사회주의 리얼리즘'을 강조하는 공산주의 문학가로 등장하는데 형 이육사의 유고집을 내기도 했다. 반면 이원록(육사)은 좀 엄숙하고 우직한 편이었다고 한다. 그래서 이원록은 곧잘 이원조의 '밥'이 되곤 했는데 하루는 화가 머리 끝까지 화가 난 이육사가 책을 집어던졌다. 그러나 이원조가 냉큼 할아버지에게 이르기를 "책은 성현의 말씀을 담은 것인데 책을 던지는 것은 성현을 집어던지는 것"이라고 열변을 토해 또 한 번 형을 골탕을 먹였다는 일화가 있다. 이원조의 재기도 재기지만 이원록(육사)의 '한 성깔'을 드러낸 일화다.

일본과 중국 유학 후 1927년에 귀국한 이원록은 조선은행 대구 지점을 날려 버리려던 장진홍 의거에 연루되어 1년 7개월의 첫 옥고를 치른다. 하지만 그가 이 의거에 가담한 것은 아니었다. 눈이 뒤집힌 일본 경찰이 그야말로 저인망으로 훑어서 감방에 처넣은 결과일 뿐, 재판에서도 나온 판결은 "혐의 없음"이었다. 그 뒤 신문기자로 활동하다가 《조선일보》에 처음 시를 발표하는데 이때만 해도 '이활'이라는 필명을 썼다. 그런데 광주학생운동의 후폭풍으로 일어난 대구격문사건의 배후로 지목되어 또 옥살이를 한다. 이 투옥 이후에야 그는 스스로를 이육사라 일컫기 시작한다.

총을 든 시인, 이육사

그의 수인번호 '264'에서 그 이름이 나왔다는 말이 정설로 여겨지지만 그 속내는 여러 번 바뀌었다. 처음에는 '역사를 도륙낸다'는 뜻의 육사를 썼고 다음에는 '고기 먹고 설사한다'라는 뜻의 육사를 썼다. 전자가 자신이 겪어야 했던 현실에 대한 분노라면 후자는 '그래 봐야 별 수 없다'는 냉소가 아니었을지. 그러다가 한 친지가 "역사를 도륙낸다는 건 혁명의 뜻을 너무 노골적으로 드러내니 평평한 육지로 만든다는 이름을 써라"고 권유하면서 우리가 아는 그 육사로 스스로를 일컫게 된다. 그리고 그는 '역사를 평탄케 하는' 노력에 몸을 던진다.

> 동방은 하늘도 다 끝나고
> 비 한 방울 나리잖는 그 때에도
> 오히려 꽃은 빨갛게 피지 않는가?
> 내 목숨을 꾸며 쉬임 없는 날이여.
> 북쪽 툰드라에도 찬 새벽은
> 눈 속 깊이 꽃 맹아리가 옴자거려
> 제비 떼 까맣게 날아오길 기다리나니 ······
> ─이육사, 〈꽃〉

그는 툰드라 속에서 제비 떼 오기만을 기다리지 않았다. 의열단원 윤세주를 만나 중국 남경으로 가서 조선혁명군사정치간부학교를 다녔고 이때 사격술, 변장술 등 무장투쟁에 필요한 훈련까지 몸에 익혔다. 시와 글이 무기였던 그의 손은 방아쇠와 폭탄 던지기에도 익숙해졌다. 또 자신을 교양시켰던 의열단장 김원봉이라 할지라도 단호하게 비판하는 등 이념에 충실한 모습을 보이기도 했다고 한다.

"김원봉이 부르주아계급을 바탕으로 삼은 중국 국민당 정부의 지원을 받고 있다"는 점을 지적하고, "중국의 부르주아계급과 야합"하고 있다면서 "사상이 애매하여 비계급적이다"라고 비판하였다. 또 "일국일당주의에 위반하고 조선인 자신이 조선의 혁명사업을 한다는 것은 그 사람의 혁명적 정조를 의심하지 않을 수 없다"고 일갈하였다. 이러한 견해는 김원봉에게 확실한 무산자계급 중심의 투쟁을 요구하면서 코민테른 Comintern(제3인터내셔널)의 '일국일당주의' 지시를 따라야 한다고 주장하는 것이다(김희곤, 《이육사평전》). 문득 기우가 머릿속을 채운다. 이런 사실이 알려지면 '좌익의 글을 빼라'는 고함이 등천을 하여 이육사의 〈광야〉나 〈청포도〉가 교과서에서 빠지게 되면 어쩌나 하는 기우, 아니 근거 있는 근심이 말이다.

그는 이른바 '빨갱이'였다. 나이 마흔에 열 번 넘게 감옥을 들락거렸고 중국과 조선을 분주히 오가며 살았다. 그의 시 〈절정〉은 지독히도 추운 날 압록강을 건너며 또는 만주 벌판을 헤매며 그가 내지른 비명 같은 탄성이 뭉쳐서 나온 시인지도 모른다.

매운 계절의 채찍에 갈겨
마침내 북방으로 휩쓸려 오다.
하늘도 그만 지쳐 끝난 고원

서릿발 칼날진 그 위에 서다.
어디다 무릎을 꿇어야 하나
한 발 재겨 디딜 곳조차 없다.
이러매 눈감아 생각해 볼밖에
겨울은 강철로 된 무지갠가 보다.

육사는 늦둥이로 본 외동딸에게 기이한 이름을 남겨 준다. 아들과 딸 하나씩을 잃은 뒤 귀하게 태어난 딸이 백일 됐을 때 일가 친척들이 그 이름을 지어 주겠다고 나섰는데 육사는 그 모두를 사양하고 옥비沃非라는 이름을 꺼냈다고 한다. "비옥해지지 마라." 즉 기름지지 마라, 기름지게 살지 말고 욕심

국어 시험 단골 문제인 이육사 시를 달달 외운 수백 만 수험생 가운데 이육사가 시인일 뿐 아니라 특공대 수준의 훈련을 받은 '정예 요원'이었다는 사실을 아는 사람은 얼마나 될까. 다행히 육사는 시인으로 우리 역사에 남았지만 불행했던 한국 현대사는 평화로운 시기였다면 얼마든지 자기 영역에서 뛰어난 몫 해 내며 살았을 사람들의 등을 벼랑 끝으로, 외길로, 가파른 비탈길로, 가시밭길로 떠밀어 댔다.

내지 말라는 경고였다고나 할까. 옥비가 세 살 때 세상을 떠나 버린 육사는 딸에게 그 뜻을 풀이해 주지 못했다. "네 아버지는 이런 사람이었다"고 수시로 기억의 죽비를 내리치던 어머니에 비추어 딸은 자신의 이름의 뜻을 미루어 짐작할 뿐이었다.

육사는 옥비의 어머니, 즉 아내와 7년 동안이나 소원하게 지내다가 화해했는데 그 사연이 스산하다. 어머니의 오빠, 즉 이옥비의 외삼촌이 독립운동 와중에 체포돼 혹독한 고문을 당했고 결국 동지들의 이름을 누설하고 마는데 이를 안 육사가 격노하여 장인에게 "비겁한 핏줄과는 함께 살 수 없으니 데려가라"고 일갈해 버렸다는 것이다(《매일신문》 2013. 7. 13).

"외삼촌은 그 후 아버지를 한 번도 만나지 못했고 돌아가실 때까지 제게 미안하다고 하셨어요. 어머니도 여러 번 자결하려 했는데 할머니가 말리셔서 겨우 목숨을 이으셨다"고 하니 이육사라는 사람의 모서리가 얼마나 뾰족했는지 짐작이 간다.

육사가 그의 시 가운데 가장 좋아한 것은 〈청포도〉였다고 한다. "내가 어떻게 저런 시를 썼는지 모르겠다"는 자화자찬 비슷한 소리를 할 만큼 말이다.

"내 고장은 조선이고, 청포도는 우리 민족인데, 청포도가 익어 가는 것처럼 우리 민족이 익어 간다고. 그러면 곧 일본도 끝장난다고."

후세의 평론가가 갖다 붙인 것이 아니라 시인이 자신의 입으로 한 자작시의 해석이다.

그러나 그는 끝내 해방을 보지 못했다. 죽은 뒤에 발표된 그의 시 〈광야〉에서처럼 백마 타고 오는 초인을 목 놓아 불렀으나 그는 초인을 만나지 못했고 〈청포도〉에서처럼 '하이얀' 모시적삼 식탁에 올려놓지 못했다. 1943년 조선에서 체포되어 거꾸로 중국으로 압송된 1944년 1월 16일 짧지만 매웠던 생명을 다한다. 고문과 악형으로 가쁜 숨을 몰아쉬면서 그는 그가 쓴 수필의 이 구절을 되뇌지는 않았을까.

"나에게는 진정코 최후를 맞이할 세계가 머리 한 편에 있는 것입니다. 그것이 타오르는 순간 나는 얼마나 기쁘고 몸이 가벼우리까."

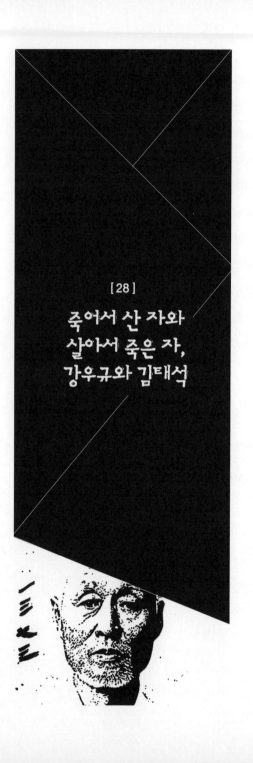

[28]

죽어서 산 자와
살아서 죽은 자,
강우규와 김태석

부임 첫날 폭탄 맞은 일제 총독

조선 천지를 뒤흔들었던 3·1항쟁이 가라앉고 조선에는 새 총
독이 부임해 온다. 사이토 마코토齋藤實 해군 대장이었다. 해
군대장 제복을 입고 위풍당당하게 기차에서 내린 사이토 마
코토는 즐비하게 늘어선 호위 속에 총독 전용 마차를 향했다.
일장기를 흔드는 환영 인파는 많았지만 분위기는 어딘지 모
르게 뒤숭숭했다. '조선독립만세'의 굉음의 메아리가 아직
생생할 때였으니 그랬으리라. 하지만 그 따위 만세 어림도 없
다는 듯 조선총독의 늠름한 행보는 조선 사람들을 위압하고
있었다.

　바로 그때였다. 사이토 총독이 마차에 오르기 직전, 남대문
역 전체를 뒤흔드는 폭음이 울려 퍼졌다. 질서정연하던 역전
은 순식간에 아수라장이 됐다. 총독을 노리고 누군가 던진 폭
탄이 터진 것이다. 일본《아사히신문》특파원을 비롯하여 2명
이 죽고 35명이 부상당했다. 총독은 간발의 차로 무사했다.
파편 하나가 허리에 차고 있던 대검에 맞은 정도가 그가 입은
피해의 전부였다. 그러나 일본 경찰의 눈은 뒤집혔다. 총독이
부임하는 날 폭탄 세례를 받았다! 그네들 천황에 대한 송구스
러움은 말할 것도 없고 전 세계적으로 대대적인 망신을 당한

셈이었다.

개 발바닥에 땀나도록 뛰어다니던 일본 경찰은 사건 보름 후 범인을 체포한다. 범인은 놀랍게도 예순 다섯의 노인 강우규(1855~1920)였다. 현장에서 일본 경찰은 강우규를 붙잡긴 했지만 설마 이런 노인이 그런 일을 하랴 싶어 놓아 주었을 정도의 노안老顔이었다. 평안도 덕천에서 태어났지만 함경도 홍원으로 이주해서 의업으로 재산을 모았고 만주로 가서는 그 돈을 학교 설립에 털어 넣었던 독실한 기독교인이었다.

박경리의 대하소설《토지》에는 주갑이라는 인물이 등장한다. 주로 서부 경남 사람들이 등장하는 이 소설에 거의 유일하다시피 등장하는 '창唱 잘하는' 전라도 사람이다. "어린애 같이 무심한가 하면 수천 년 묵은 구랭이 같고, 좋으면 화를 내고 싸움할 때 존대 쓰고 …… 염치 바르고 마음이 여리고 소심하면서 자존심은 하늘을 찌르는" 캐릭터인데 이 주갑이가 급체를 했을 때 치료를 해 준 사람이 '강의원'이며 이 강의원은 소설《토지》속 유일한 실존 인물이다. 바로 강우규였다. 의사이지만 독립운동가로 만주 곳곳을 누볐으며 그때마다 성경을 꼭 들고 다녔던 강우규는 그렇게 한국인의 애장도서《토지》의 한 페이지에 남는다.

요즘이야 예순 다섯은 경로우대도 간당간당한 나이지만 그 때는 잘하면 증손자도 보고 아랫목이나 지키기에 적당한 나이였다. 그런 노인이 폭탄을 가랑이 사이에 두르고(이 은닉 수

법은 먼 훗날 이봉창까지 사용한다) 남대문역 귀빈실까지 잠입하여 거사를 결행한 것이다. 일제 당국은 통수를 맞아도 제대로 맞은 셈이었다.

강우규의 재판기록을 보면 단독 행동이 아니라 누군가 그를 도왔던 흔적을 발견할 수 있다. 단적인 예로 강우규는 폭탄을 구한 것이 자기 자신이라고 주장하면서도 다음과 같이 엉뚱한 이야기를 하고 있는 것이다.

> 그 폭탄을 본즉, 꼭지에 조그마한 구녕이 있는 고로 그 구녕으로 탄약이 나와서 사람을 맞추는 것으로 알았소. 나도 그렇게 많은 사람이 다칠 줄은 차마 생각을 못했소이다(《뉴스메이커》 2012. 3. 2).

폭탄을 구한 사람이 폭탄의 성능은 물론 살상방식에도 무지할 수는 없지 않은가.

노인에게 허를 찔린 일본 경찰은 그 복수라도 하듯, 그리고 배후를 캐내기 위해 그야말로 악형을 가한다. 모진 고문 끝에 그 혀가 세 치나 빠져 나온 것을 보았다고 하거니와 강우규는 이미 사형 선고 및 집행 전에 만신창이가 되어 있었다. 그래도 강우규의 기는 꺾이지 않았다. 감옥에 앉아서도 성경 봉독을 하루도 거르지 않았다는 이 독실한 기독교인이 만약 "권세 있는 자는 하나님의 기름 부은 자이니 너희는 그에 복종하

305

한국사를 지켜라 ❶
독립운동가로 산다는 것

라"는 따위의, 대한민국의 목사들이 지껄이는 설교를 들었다면 의자를 집어던졌을 것이다. 그는 실제로 법정에서 두 번씩이나 의자를 집어던졌다.

우국지사였지요. 정말 과장 안하고 우국지사였다고 생각합니다. 예순 몇 살의 노인이 탁상을 두드리며 독립의 열정을 피력합니다. 비장했습니다(당시 경기도 경찰부장 시바료).

"청년들에게 느낌이라도 주고 싶다"

그는 변호인 선임도 거부한 채 사형을 선고받는다. 아들 중건에게 남긴 한마디는 실로 마음이 뭉클하다.

내가 돌아다니면서 가르치는 것보다 나 죽는 것이 조선 청년의 가슴에 적으나마 무슨 이상한 느낌을 줄 것 같으면 그 느낌이 무엇보다도 귀중한 것이다. 조선 청년의 가슴에 인상만 박힌다면 그만이다. 쾌활하고 용감히 살려고 하는 조선 청년들이 보고 싶다! 아 보고 싶다!

청년들에게 '무슨 이상한' 느낌이라도 주기 위해 목숨을 내던진 한 노인. 사형대 앞에서도 유장하게 시를 읊던 이 교양인은 1920년 지금도 남아 있는 서대문형무소 사형장에서 세상을 떠난다.

그런데 이 강우규를 체포한 사람 역시 조선인이었다. 이름은 김태석. 강우규처럼 평안도, 그것도 덕천 인근의 양덕군 출신이었다. 강우규처럼 학교 교사 노릇도 했던 그는 조선총독부 경찰관 통역생으로 들어가면서 전혀 다른 인생을 살게 된다. 그도 사이토 총독이 오던 날 남대문역에 있었고 강우규가 폭탄을 던지는 것도 보았다. 또 그 파편으로 인해 정강이

자신과 함께 같은 형무소에서 복역을 하였던 황삼규黃三奎 동지가 감옥에서 출옥하여 자신에게 말하기를 내가 김태석이라는 놈 때문에 폐병에 걸리고 이렇게 폐인이 되었으니 그놈의 원수는 죽어서라도 갚아야 할 것이다. 특히 나는 경찰서에서 고 강우규 의사가 그놈한테 고문당하는 것을 보았는데 어찌 맞았는지 혀가 세 치나 빠져 나온 것을 보았으니 이야말로 천인공노할 죄상이 아닌가라고 했다는 것이다.

곽 검찰관은 이 두 가지 증언을 보더라도 피고인의 죄상은 역력하지 않은가라고 반박하니, 당황한 빛으로 두 손을 흔들면서 재판장을 바라보며 절대로 그런 사실이 없노라고 뻔뻔스럽게 최후까지 부인하였다 (《반민자대공판기》, 1949).

강우규의 혀를 빼 놓았던 김태석은 반민특위에서 종신형을 선고받았으나 반민특위 와해 후 석방됐고 역사의 그늘 속으로 사라졌다.

에 상처를 입었다. 독기를 품은 김태석은 수사에 나서 강우규를 체포하는 데 큰 공을 세운다. 강우규의 혀를 세 치나 빠져나오게 했던 그 고문의 당사자가 바로 그였다.

최악의 악질 경찰 김태석

그의 경찰 이력은 그야말로 화려하다. 대한제국 황실 가족 가운데 가장 기백이 있었다 할 의친왕 이강이 "차라리 자유 한국의 한 백성이 될지언정, 일본 정부의 친왕이 되기를 원치 않는다는 것을 우리 한인들에게 표시하고, 아울러 임시정부에 참가하여 독립운동에 몸 바치기를 원한다"면서 망명을 시도했을 때 이를 미리 탐지해 내 압록강을 넘어선 의친왕의 뒷덜미를 잡아챈 사람이 바로 김태석이었고 의열단 최초의 거사인 밀양경찰서 폭파사건 때 관련자 15명을 아예 곤죽으로 만들어 놓았던 이였으며 대만이건 상해건 출장을 다니면서 조선인 독립운동가를 심문하고 달아 매던 최악의 악질 경찰이었다.

김태석은 경찰을 나와 군수와 참여관, 중추원 참의 등 고위 관직을 지내다가 해방을 맞는다. 그는 당연히 반민특위의 최고 관심 대상으로 체포되는데 그때 그는 밀양경찰서 폭파사건의 기억과 맞닥뜨린다. 홍종린이라는 사람은 분노에 찬 목소리로 "당시 학생이던 나의 동지 윤필환 이하 15명을 체포하여 고문과 극형을 가했고 나중에는 죽게까지 한 자가 바로 이 자다!"

하지만 김태석은 철저하게 사실을 부인했다. 자기는 심부름꾼에 불과했고 '고쓰가히', 즉 소사에 지나지 않았다고 주장했다. 심지어 3·1운동 당시 자신도 만세를 불렀으며 독립운동자를 구해 낸 애국자라고 떠들어 댔다. 강우규의 의연함과는 안드로메다만큼이나 먼 비굴함이었고 조선 사람들의 가슴에 "무슨 이상한" 느낌이 아니라 격렬한 분노를 심어 주기에 충분한 뻔뻔함이었다. 일제 앞잡이이자 일제 고문경찰이었던 김태석은 사형을 구형받고 무기징역 선고를 받았지만 1950년 봄 그는 스리슬쩍 석방되어 유유자적 역사의 커튼 뒤로 사라진다. 그는 그외 어떤 처벌도 받지 않았고 감방 똥통 냄새도 몇 달 맡지 않았다.

1919년 9월 2일 사이토 마코토가 서울에 발을 디디던 날 그를 죽이고자 한 노구의 애국자와 일제의 수뇌를 지키고자 했던 민족 반역자. 이 평안도 출신 두 남자의 일생은 그렇게 극명하게 대비된다. 김태석의 말로는 어떠하였을까. 식민지를 면한 민중들의 힘으로, 새롭게 선 나라의 법으로 그를 단죄하지 못한 것이 원통할 뿐이지만 그저 편안히 눈감지는 못하였기를 바란다. 전쟁 와중에 폭격으로 가족을 모두 잃어버려 허파가 뒤집히는 고통을 맛보든, 본인의 몸이 갈가리 찢겼든 처참하게 죽었어야지, 잘 먹고 잘 살다가 부드러운 금침

한국사를 지켜라 ❶
독립운동가로 산다는 것

안에서 그가 체포하고 고문하고 죽이고 불구로 만든 이들을 하나하나 짚으며 "바보 같은 사람들. 그렇게 살면 안 되는 거였는데" 하면서 흐뭇하게 죽어 갔다면 그것만큼 참담한 일이 또 어디 있겠는가.

역사는 결국 하고많은 사람들의 일생의 합이다. 또한 역사는 최선을 다한 삶과 게으른 삶, 의에 굶주린 자들과 이利에 목마른 자들의 생, 정의로운 자와 파렴치한 자의 일상이 얽히고설키고 범벅이 된 위에서 그 등호와 부등호를 판단하고 자신의 무거운 발걸음이 향할 바를 결정하는 심판자이기도 하다. 외국의 침략에 나라를 빼앗긴 역사는 결국 그 이전 세대가 쌓아올리고 살아 낸 역사의 심판이었고 해방 이후 분단의 역사는 독립투쟁 기간 동안 그 시대를 살았던 사람들의 지향과 실천, 의미와 한계가 잉태시킨 역사일 것이다. 강우규와 김태석, 두 남자의 일생으로 우리의 현대사의 DNA를 짐작하는 것은 섣부른 일이겠으나 그렇다고 아주 맹랑하지도 않을 것 같다.

오늘날의 우리 또한 미래를 만들어 가고 있다. 우리가 전혀 보지 못하고 미처 살지 못할 미래를 지금 만들고 있다. 그 미래의 DNA는 어떠하며 과연 무엇을 닮을 것이며 어느 것이 우성과 열성으로 남을까. 그 답은 결국 역사에 있다. 결국 오늘은 어제의 자식이며 그제의 손자일 뿐이다.

찾아보기

312

한 국 사 를 지 켜 라 -1

독립운동가로 산다는 것

- ⊙ 2016년 6월 9일 초판 1쇄 발행
- ⊙ 2020년 10월 2일 초판 5쇄 발행
- ⊙ 지은이   김형민
- ⊙ 펴낸이   박혜숙
- ⊙ 디자인   이보용
- ⊙ 펴낸곳   도서출판 푸른역사
  우) 03044 서울시 종로구 자하문로8길 13
  전화: 02) 720−8921(편집부) 02) 720−8920(영업부)
  팩스: 02) 720−9887
  전자우편: 2013history@naver.com
  등록: 1997년 2월 14일 제13−483호

ⓒ 김형민, 2020

ISBN   979−11−5612−075−9 04900
          979−11−5612−074−2 04900 (세트)